"아브라함의 하나님, 이삭의 하나님, 야곱의 하나님"에 대한 계시!

도서
출판 **거룩한진주**

차례

CONTENTS

**스트라이크를 넘어
퍼펙트가 주는 통쾌함을 느끼게 하는 책!** ······················· 7

1. 아브라함의 하나님 ······················· 31

(1) 아브라함의 소명 • 35

(2) 아브라함에게 주신 약속! • 37

(3) 아브라함의 새 이름 • 39

(4) 베드로의 설교! • 42

2. 이삭의 하나님 ······················· 69

(1) 이스마엘은 하나님이 인정하시는 아브라함의 씨가 아니다! • 76

(2) 하나님의 약속을 이스마엘이 아니라 이삭이 계승했다! • 77

(3) 성경은 이스마엘이 아니라 이삭의 후손들의 역사다! • 78

(4) 이슬람교가 고안해 낸 성경 변질론은 새빨간 거짓말이다! • 80

(5) 선지자들이 이스마엘과 이삭 중 누구의 후손에서 일어났는가? • 86

   1) 신약시대에는 성령이 오직 기독교인들에게 임한다! • 87

   2) 하나님의 말씀은 영원히 변하지 않는다! • 93

   3) 하나님은 큰 선지자에게는 대면하여 직접 말씀하신다! • 95

   4) 선지자는 단지 계시를 받는 사람이 아니라 기적을 행한다! • 103

3. 야곱의 하나님 ········ 113

(1) 기독교 외의 세상 모든 종교는 다 가짜다! • 127

(2) 이슬람교는 참 하나님과 전혀 상관이 없다! • 129

(3) 기녹교에서 파생된 이단들은 모두 가짜! • 133

(4) 종교다원주의는 아무리 많은 사람이 지지해도 이단이다. • 134

(5) 동성애는 가증한 것이고 동성애자들은 지옥행이다! • 135

결론

1. 오늘날은 왜 유대교가 아니라 기독교를 믿어야만 하는가? ·· 142

    (1) 지금은 예수님을 믿어야 구원받을 수 있는 이유는
        예수님이 모세의 율법이 예표하는 것들의 실상이기 때문이다. • 143

    (2) 지금은 예수님을 믿어야 구원받을 수 있는 이유는
        선지자들의 메시아에 대한 예언이
        모두 예수님을 통해 성취되었기 때문이다. • 144

    (3) 지금은 예수님을 믿어야 구원받을 수 있는 이유는
        기독교가 하나님이 함께하시는 유일한 종교이기 때문이다. • 145

2. 하나님은 '나의 하나님'인가? 아니면 '당신의 하나님'인가? 152

    (1) 죄를 회개하고 예수님을 임금과 구주로 영접해야 한다. • 157
    (2) 교회에 다닐 뿐 아니라 이 세상에서 영적인 나그네로 살아야 한다. • 159
        1) 예수님의 설교 산상수훈대로 살아가는 것이다. • 162
        2) 바울처럼 천국을 목표로 삼고 몸을 쳐서 복종시키는 것이다. • 162
        3) 베드로가 권한 대로 육체의 정욕을 제어하고 거룩한 행실과
           경건함으로 하나님의 날이 임하기를 사모하며 사는 것이다. • 164

스트라이크를 넘어
퍼펙트가 주는 통쾌함을 느끼게 하는 책!

 이 책은 하나님이 비춰주시는 정오의 태양처럼 강렬한 빛입니다. 이 책을 읽으면 모든 어둠이 물러갑니다. 특히, 5가지 어둠이 떠나갑니다.

1. 우상 숭배
2. 이슬람교
3. 이단들
4. 종교다원주의
5. 동성애

 이것은 가장 짙은 어두움들이고, 이 중 하나만 따르더라도 100% 지옥행입니다.
 그러나 사랑의 하나님은 이 다섯 가지에 미혹된 사람들도 불쌍히 여기십니다. 그들을 구원하기 원하십니다. 그래서 저에게 계시적인 강력한 깨달음을 주셔서 설교 후 출판하게 하신 것입니다.

히브리서 저자는 하나님이 "옛적에 선지자들을 통하여 여러 부분과 여러 모양으로 우리 조상들에게 말씀하셨다"(히 1:1)고 했습니다. 또, 바울은 예언에 대해 "부분적으로 알고 부분적으로 예언한다"(고전 13:9)고 했습니다.

제 경험에 의하면, 계시적으로 성경을 깨닫는 것도 마찬가지입니다. 하나님께서 단번에 깨닫게 해주시면 좋은데 자주 부분만 가르쳐 주십니다. 한 주제나 설교할 내용을 여러 번에 걸쳐 깨닫게 해주십니다. 저는 이 설교를 할 때도 같은 경험을 했습니다.

2023년 11월 19일, 저는 추수감사주일 설교를 한 후 설교준비와 다른 일을 하다 밤 9시에 집에 가기 위해 일어났습니다. 그때 갑자기 하나님께서 경이로운 말씀을 부어주셨습니다. 그러나 설교할 것이 밀려 있어서, 약 1년 후인 2024년 11월 3일 주일에 비로소 그 중 절반을 나눴습니다. 그런데 설교 직후 추가적인 계시적인 깨달음이 임했습니다. 또, 다음 날 월요일 교회 주차장에 도착했을 때, 차에서 내리기 직전 갑자기 추가적인 깊은 깨달음이 임했습니다. 그 후에도 여러 번 이것을 보강해주는 계시적인 깨달음들이 임했습니다. 그것을 종합해서 만든 것이 이 설교입니다.

솔직히, 저는 요즘 이 설교만큼 수월하게 작성한 설교가 없습니다. 연구할 것이 거의 없었습니다. 또, 이것은 제가 열심히 연구한다고 할 수 있는 설교가 아닙니다. 저의 지혜로는 불가능한 설교입니다. 하나님이 은혜로 부어주시지 않으면 결코 할 수 없는 통쾌하기 짝이 없는 설교입니다. 저 자신이 누구보다 그것을 잘 압니다.

그래서 설교 초기에, 많은 목사님들이 통쾌하다며 극찬을 아끼지 않을 때, 저는 그 말을 막고 조금도 받아들이지 않았습니다. 왜냐하면 제 마음이 물 녹듯이 녹아내리고 있었기 때문입니다. 제 안에 있던 교만한 마음이 사라지고 마음이 심히 낮아졌습니다. 수십 년간의 경험을 통해 하나님이 항상 말씀을 부어주신다는 것을 잘 알면서도, 같은 차원의 말씀을 부어주시지 않을까 봐 너무 두려웠습니다. 내가 도무지 할 수 없는 설교라는 것이 깊이 느껴졌고, 그래서 이전보다 더 온전히 하나님만 의지해야 할 절박한 필요를 강하게 느끼고 있었기 때문입니다.

사랑하는 여러분, 이 설교와 책은 저의 것이 아닙니다. 전적으로 하나님의 은혜의 결과입니다. 이는 머리가 아닌 제 양심의 고백입니다. 그러므로 저는 온 마음을 다해 모든 영광과 존귀와 칭찬과 감사를 오직 하나님께 올려드리길 원합니다.

하나님 아버지, 모든 영광을 온전히 주께 올려드립니다! 영광 받으시옵소서!!!

"모세가 그의 장인 미디안 제사장 이드로의 양 떼를 치더니 그 떼를 광야 서쪽으로 인도하여 하나님의 산 호렙에 이르매 여호와의 사자가 떨기나무 가운데로부터 나오는 불꽃 안에서 그에게 나타나시니라. 그가 보니 떨기나무에 불이 붙었으나 그 떨기나무가 사라지지 아니하는지라. 이에 모세가 이르되 내가 돌이켜 가서 이 큰 광경을 보리라 떨기나무가 어찌하여 타지 아니하는고 하니 그 때에 여호와께서 그가 보려고 돌이켜 오는 것을 보신지라. 하나님이 떨기나무 가운데서 그를 불러 이르시되 모세야 모세야 하시매 그가 이르되 내가 여기 있나이다. 하나님이 이르시되 이리로 가까이 오지 말라. 네가 선 곳은 거룩한 땅이니 네 발에서 신을 벗으라. 또 이르시되 나는 네 조상의 하나님이니 아브라함의 하나님, 이삭의 하나님, 야곱의 하나님이니라. 모세가 하나님 뵈옵기를 두려워하여 얼굴을 가리매 여호와께서 이르시되 내가 애굽에 있는 내 백성의 고통을 분명히 보고 그들이 그들의 감독자로 말미암아 부르짖음을 듣고 그 근심을 알고 내가 내려가서 그들을 애굽인의 손에서 건져내고 그들을 그 땅에서 인도하여 아름답고 광대한 땅, 젖과 꿀이 흐르는 땅 곧 가나안 족속, 헷 족속, 아모리 족속, 브리스 족속, 히위 족속, 여부스 족속의 지방에 데려가려 하노라. 이제 가라. 이스라엘 자손의 부르짖음이 내게 달하고 애굽 사람이 그들을 괴롭히는 학대도 내가 보았으니 이제 내가 너를 바로에게 보내어 너에게 내 백성 이스라엘 자손을 애굽에서 인도하여 내게 하리라. 모세가 하나님께 아뢰되 내가 누구이기에 바로에게 가며 이스라엘 자손을 애굽에서 인도하여 내리이까? 하나님이 이르시되 내가 반드시 너와 함께 있으리라. 네가 그 백성을 애굽에서 인도하여 낸 후에 너희가 이 산에서 하나님을 섬기리니 이것이 내가 너를 보낸 증거니라. 모세가 하나님께 아뢰되 내가 이스라엘 자손에게 가서 이르기를 너희의 조상의 하나님이 나를 너희에게 보내셨다 하면 그들이 내게 묻기를 그의 이름이 무엇이냐 하리니 내가 무엇이라고 그들에게 말하리이까? 하나님이 모세에게 이르시되 나는 스스로 있는 자이니라. 또 이르시되 너는 이스라엘 자손에게 이같이 이르기를 스스로 있는 자가 나를 너희에게 보내셨다 하라. 하나님이 또 모세에게 이르시되 너는 이스라엘 자손에게 이같이 이르기를 너희 조상의 하나님 여호와 곧 아브라함의 하나님, 이삭의 하나님, 야곱의 하나님께서 나를 너희에게 보내셨다 하라. 이는 나의 영원한 이름이요 대대로 기억할 나의 칭호니라."

출애굽기 3:1-15

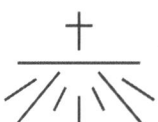

본문에 보면, 천지와 만물과 사람을 창조하신 유일하신 참 하나님이 모세에게 떨기나무 불 속에서 나타나셨습니다. 그리고 세 번이나 "나는 아브라함의 하나님, 이삭의 하나님, 야곱의 하나님이라"고 말씀하셨습니다.

출애굽기 3:6 "또 이르시되 **나는** 네 조상의 하나님이니 **아브라함의 하나님, 이삭의 하나님, 야곱의 하나님이니라.**"

출애굽기 3:15-16 "하나님이 또 모세에게 이르시되 너는 이스라엘 자손에게 이같이 이르기를 너희 조상의 하나님 여호와 곧 **아브라함의 하나님, 이삭의 하나님, 야곱의 하나님**께서 나를 너희에게 보내셨다 하라. 이는 나의 영원한 이름이요 대대로 기억할 나의 칭호니라. 너는 가서 이스라엘의 장로들을 모으고 그들에게 이르기를 여호와 너희 조상의 하나님 곧 아브라함과 이삭과 야곱의 하나님이 내게 나타나 이르시되 내가 너희를 돌보아 너희가 애굽에서 당한 일을 확실히 보았노라."

이 외에도, 성경에는 이 표현이 계속해서 나타납니다.

출애굽기 4:5 "이는 그들에게 그들의 조상의 하나님 곧 **아브라함의 하나님, 이삭의 하나님, 야곱의 하나님** 여호와가 네게 나타난 줄을 믿게 하려 함이라 하시고"

마태복음 22:32 "나는 **아브라함의 하나님이요 이삭의 하나님이요 야곱의 하나님이로라** 하신 것을 읽어 보지 못하였느냐? 하나님은 죽은 자의 하나님이 아니요 살아 있는 자의 하나님이시니라."[1]

사도행전 3:13 **"아브라함과 이삭과 야곱의 하나님** 곧 우리 조상의 하나님이 그의 종 예수를 영화롭게 하셨느니라."

사도행전 7:32 "나는 네 조상의 하나님 즉 **아브라함과 이삭과 야곱의 하나님이라** 하신대 모세가 무서워 감히 바라보지 못하더라."

이처럼 자주 하나님이 "아브라함의 하나님, 이삭의 하나님, 야곱의 하나님"이라고 말씀합니다.

---

[1] 마가복음 12:26과 누가복음 20:37에도 같은 내용이 나온다.

과연 그 이유가 무엇일까요? 생각해보면, 아브라함 전에도 그보다 뛰어난 하나님의 사람들이 있었습니다. 대표적으로 에녹을 꼽을 수 있습니다. 에녹은 하나님과 300년간 동행하다가 산 채로 승천한 인물로, 유다서에 보면 인류의 초기 인물 중 하나인 그가 인류의 종말인 재림까지 내다보았습니다. 또, 산 채로 승천하여 지금도 하늘나라에서 살고 있습니다. 그러므로 아브라함을 능가해 보이지요! 그런데 왜 하나님은 '에녹의 하나님'이라고 하시지 않고 자신이 '아브라함의 하나님 이삭의 하나님 야곱의 하나님'이라고 하셨을까요?

또, 아브라함과 비교하면 몰라도 이삭이나 야곱과 비교해보면 요셉이 더 큰 인물 같습니다. 물론 결정적인 증거는 아니지만, 꿈에서도 야곱을 뜻하는 해가 요셉에게 절하지 않았습니까? 그런데 왜 요셉 앞에서 딱 끊어서 '아브라함의 하나님 이삭의 하나님 야곱의 하나님'이라고 하셨을까요?

물론 성경에는 '엘리야의 하나님'이라 표현이 나옵니다.

> 열왕기하 2:14 "**엘리야의 하나님** 여호와는 어디 계시니이까 하고 그도 물을 치매 물이 이리 저리 갈라지고 엘리사가 건너니라."

그러나 이것은 다른 하나님의 사람들에게도 붙일 수 있는 표현입니다. '아브라함의 하나님 이삭의 하나님 야곱의 하나님'은 이와 다릅니다. 그 증거로, 본문을 자세히 보십시오.

> 출애굽기 3:15 "하나님이 또 모세에게 이르시되 너는 이스라엘 자손에

게 이같이 이르기를 너희 조상의 하나님 여호와 곧 **아브라함의 하나님, 이삭의 하나님, 야곱의 하나님**께서 나를 너희에게 보내셨다 하라. 이는 나의 영원한 이름이요 대대로 기억할 나의 칭호니라."

이처럼 이것은 하나님의 영원한 이름이고 대대로 기억할 하나님의 칭호입니다. 이에 대해 제임스 브루크너는 이렇게 썼습니다.

"이 문장 전체가 하나님의 칭호였다. 곧 모세의 원래 질문 '그의 이름이 무엇이냐?'에 대한 하나님의 구체적인 답변이었다. 16절과 이어지는 구절에서 하나님은 그 이름을 '아브라함의 하나님, 이삭의 하나님, 야곱의 하나님'으로 한정시키셨다."[2]

그래서 우리는 묻지 않을 수가 없습니다. 성경에 하나님의 사람 중의 하나님의 사람인 모세도 있고, 사무엘도 있고, 다윗도 있고, 다니엘도 있습니다. 그런데 왜 하나님의 이름이 '아브라함의 하나님 이삭의 하나님 야곱의 하나님'일까요? 여러분, 이것을 궁금해하신 적이 있으십니까? 없다면 지금이라도 관심을 가져야 합니다. 왜냐하면 이 이름 안에 지극히 중요한 엄청난 비밀이 담겨 있기 때문입니다.

먼저, 이름에는 뜻이 있다는 것을 기억하십시오. 일일이 자세히 설명하진 않겠습니다만, 성경에 나오는 므두셀라, 아브라함, 사라, 베드로의 이름을 생각해 보십시오. 그 이름 안에 중요한 뜻이 있고

---

2 제임스 브루크너 『UBC 출애굽기』 김귀탁 옮김. 서울: 한국성서유니온선교회, 2016. p. 81.

이름대로 되었습니다. 가장 대표적인 것은 예수님의 이름입니다.

> 마태복음 1:21 "아들을 낳으리니 이름을 **예수**라 하라. 이는 **그가 자기 백성을 그들의 죄에서 구원할 자이심이라** 하니라."

> 마태복음 1:23 "보라 처녀가 잉태하여 아들을 낳을 것이요 그의 이름은 **임마누엘**이라 하리라 하셨으니 이를 번역한즉 **하나님이 우리와 함께 계시다** 함이라."

이처럼 예수님은 이름이 두 가지입니다. 그 이름들은 예수님이 누구신지를 보여줍니다. 먼저, "예수"라는 이름은 예수님이 선지자들이 예언한 그리스도(구원자)라는 것을 보여줍니다. 또, "임마누엘"이라는 이름은 예수님이 하나님의 아들로서 하나님이시라는 것을 보여줍니다.

훗날 베드로가 예수님에 대해 어떻게 신앙고백을 했습니까?

> 마태복음 16:16 "시몬 베드로가 대답하여 이르되 주는 **그리스도**시요 **살아 계신 하나님의 아들**(즉, 하나님)이시니이다."[3]

---

3 요한복음 10:30-36 "나와 아버지는 **하나이니라** 하신대 유대인들이 다시 돌을 들어 치려 하거늘 예수께서 대답하시되 내가 아버지로 말미암아 여러 가지 선한 일로 너희에게 보였거늘 그 중에 어떤 일로 나를 돌로 치려 하느냐? 유대인들이 대답하되 선한 일로 말미암아 우리가 너를 돌로 치려는 것이 아니라 신성모독으로 인함이니 **네가 사람이 되어 자칭 하나님이라 함이로라**. 예수께서 이르시되 너희 율법에 기록된바 내가 너희를 신이라 하였노라 하지 아니하였느냐? 성경은 폐하지 못하나니 하나님의 말씀을 받은 사람들을 신이라 하셨거든 하물며 아버지께서 거룩하게 하사 세상에 보내신 자가 **나는 하나님의 아들이라** 하는 것으로 너희가 어찌 신성모독이라 하느냐?"

신기하게도, 예수님의 두 이름에 나타나 있는 그대로 신앙고백을 했습니다. 이것은 예수님이 누구인지 정확하게 보여줍니다. 그러므로 예수님은 단순히 4대 성인 중 하나가 아닙니다. 단지 위대한 선지자가 아닙니다. 그것은 예수님께 대한 모독입니다. 예수님은 그런 분이 아니라 모든 인류의 희망인 그리스도시고 하나님의 아들이십니다.

또, 중요한 사실은 훗날 예수님이 이렇게 주장한 것이 아니라 태어나시기 전에 지은 이름에 그것이 정확히 나타나 있다는 것입니다. 신기하지요! 또, 그 이름들을 부모나 사람이 지은 것이 아닙니다. "주의 사자"가 계시해 주었습니다. 하나님이 직접 지은 이름을 천사가 전해주어서 지은 이름입니다. 또한, 임마누엘의 경우 구약성경에 나오는 예언의 성취입니다.

이사야 7:14 "그러므로 **주께서 친히 징조를 너희에게 주실 것이라. 보라 처녀가 잉태하여 아들을 낳을 것이요. 그의 이름을 임마누엘이라 하리라.**"

할렐루야! 그러므로 여러분 모두 예수님이 참으로 그리스도요 하나님의 아들이시라는 것을 믿으시기 바랍니다.

이제, 이름에 나타나 있는 뜻이 얼마나 중요한 것인지 잘 아시겠지요! 그런데, 성부 하나님께도 이름이 있습니다. 하나는, 여러분이 잘 아는 여호와(야훼)입니다.

창세기 4:26 "셋도 아들을 낳고 그의 이름을 에노스라 하였으며 그 때에 사람들이 비로소 **여호와**의 이름을 불렀더라."

출애굽기 6:3 "내가 아브라함과 이삭과 야곱에게 전능의 하나님으로 나타났으나 **나의 이름을 여호와로는** 그들에게 알리지 아니하였고"

하나님의 이름은 이슬람교가 주장하는 것처럼 알라가 아닙니다. 여호와입니다! 또, 상식이거니와 하나님은 개명을 하시지 않습니다. 개명은 이름을 잘못 지었을 때 하는 것입니다. 그러나 하나님은 전지하시고 예지의 능력이 있으시기 때문에 이름을 잘못 지을 수 없습니다. 그런다면 전지한 하나님이 아닙니다. 그러므로 알라는 결코 성경에 나오는 참 하나님이 아닙니다.

또, 많은 이들이 잘 모르는 것인데 하나님의 이름은 '아브라함의 하나님 이삭의 하나님 야곱의 하나님'입니다.

출애굽기 3:15 "하나님이 또 모세에게 이르시되 너는 이스라엘 자손에게 이같이 이르기를 너희 조상의 하나님 여호와 곧 **아브라함의 하나님, 이삭의 하나님, 야곱의 하나님**께서 나를 너희에게 보내셨다 하라. **이는 나의 영원한 이름이요 대대로 기억할 나의 칭호니라.**"

이것도 하나님의 이름입니다. 사람의 이름에도 뜻이 있습니다. 부모님이 심혈을 기울여서 짓기 때문입니다. 하물며, 하나님의 이름에는 얼마나 중요하고 어마어마한 의미가 들어 있겠습니까? 그러므로 우리는 마땅히 이 이름에 들어 있는 뜻에 관심을 가져야 합니다. 그 뜻을 알아야 합니다.

그래서 저는 이 이름이 나오는 성경 구절들을 모두 살펴보았습니다. 그 결과, 이 이름에 세 가지 의미가 들어 있다는 것을 발견했습니다.

첫째로, 이 이름에는 유일신이신 참 하나님이 유대인들의 조상의 하나님이라는 뜻이 있습니다.

이 이름이 실제로 그런 뜻이라는 것은 성경에 문자적으로 분명히 기록되어 있습니다.

출애굽기 3:6 "또 이르시되 나는 **네 조상의 하나님이니 아브라함의 하나님, 이삭의 하나님, 야곱의 하나님**이니라."

출애굽기 4:5 "이는 그들에게 그들의 **조상의 하나님 곧 아브라함의 하나님, 이삭의 하나님, 야곱의 하나님 여호와**가 네게 나타난 줄을 믿게 하려 함이라."

사도행전 3:13 "**아브라함과 이삭과 야곱의 하나님 곧 우리 조상의 하나님**이 그의 종 예수를 영화롭게 하셨느니라."

사도행전 7:32 "나는 **네 조상의 하나님 즉 아브라함과 이삭과 야곱의 하나님이라**."

이것이 이 이름의 가장 기본적인 뜻입니다. 또, 이 이름을 모세와 유대인들에게 말씀할 때 사용하셨다는 것도 이것을 뒷받침해 줍니다.

한 걸음 더 나아가, 이 이름에는 이스라엘의 조상들이 믿었던 하나님이 참 하나님이시고, 그 외에는 하나님이 없다는 뜻이 있습니다. 하나님만이 유일한 참 신이라는 것입니다. 하나님은 이사야 선지자를 통해 거듭 이렇게 말씀하셨습니다.

> 이사야 45:5 "나는 여호와라. 나 외에 다른 이가 없나니 나 밖에 신이 없느니라."

> 이사야 45:21 "나 외에 다른 신이 없나니 나는 공의를 행하며 구원을 베푸는 하나님이라. 나 외에 다른 이가 없느니라."

> 이사야 45:22 "땅의 모든 끝이여 내게로 돌이켜 구원을 받으라. 나는 하나님이라. 다른 이가 없느니라."[4]

그러니 우리 모두 어떻게 해야 할까요? 그 답을 십계명의 1계명과 2계명이 보여줍니다.

> 출애굽기 20:3-5 "너는 나 외에는 다른 신들을 네게 두지 말라. 너를

---

4 참조. 이사야 45:6, 18, 46:9, 욜 2:27.

위하여 새긴 우상을 만들지 말고 또 위로 하늘에 있는 것이나 아래로 땅에 있는 것이나 땅 아래 물속에 있는 것의 어떤 형상도 만들지 말며 그것들에게 절하지 말며 그것들을 섬기지 말라."

그러므로 절대로 우상 숭배를 하지 마십시오. 만약 여러분 중에 우상 숭배를 하는 분이 있다면 우상 숭배를 한 것이 지나간 때로 족한 줄로 아십시오(벧전 4:3). 그리고 데살로니가 성도들처럼 우상을 버리고 하나님께로 돌아와서 참되신 하나님을 섬기시기 바랍니다(살전 1:9).

둘째로, 이 이름에는 하나님을 믿는 신자와 하나님과의 관계가 죽음 후에도 계속되고 그들을 위한 천국과 부활과 영생이 있다는 뜻이 있습니다.

어떤 분들은 '설마 이 이름에 그런 뜻이 있겠나?'라고 의심하실 수도 있습니다. 그러나 실제로 그런 뜻이 있습니다. 그것이 예수님이 사두개인들에게 하신 말씀에 분명히 나타나 있습니다.

마태복음 22:23-33 **"부활이 없다 하는 사두개인들**이 그 날 예수께 와서 물어 이르되 선생님이여 모세가 일렀으되 사람이 만일 자식이 없이 죽으면 그 동생이 그 아내에게 장가들어 형을 위하여 상속자를 세울지니라 하였나이다. 우리 중에 칠 형제가 있었는데 맏이가 장가들었다가 죽어 상속자가 없으므로 그 아내를 그 동생에게 물려주고 그 둘째와 셋째로 일곱째까지 그렇게 하다가 최후에 그 여자도 죽었나이다. 그런즉 그들이 다 그를 취하였으니 부활 때에 일곱 중의 누구의 아내가 되리이까? 예수께서 대답하여 이르시되 너희가 성경도, 하나님의 능력도 알지 못하는 고로 오해하였도다. 부활 때에는 장가도 아니 가고 시집도 아니 가고 하늘에 있는 천사들과 같으니라. **죽은 자의 부활을 논할진대 하나님이 너희에게 말씀하신 바 나는 아브라함의 하나님이요 이삭의 하나님이요 야곱의 하나님이로라 하신 것을 읽어 보지 못하였느냐? 하나님은 죽은 자의 하나님이 아니요 살아 있는 자의 하나님이시니라** 하시니 무리가 듣고 그의 가르치심에 놀라더라."

뭔가 알 것은 같은데 충분히 이해되지는 않으시지요? 그렇다면 잘 들으십시오. R. T. 프랜스는 예수님이 하신 이 말씀에 대해 이렇게 썼습니다.

"이 논증은 하나님과 그를 따르는 인간 사이의 관계의 본질에 기초한다. 즉 **하나님과 그들을 결속시킨 언약은 죽음으로 끝나버릴 만큼 약한 것이 아니라는 것이다. 살아 계신 하나님과의 관계는 이 땅에서의 삶을 넘어 하나님만큼 영원한 관계로 이어진다.**"[5]

또, 양용의 교수님은 예수님의 이 말씀에 대해 이렇게 썼습니다.

"하나님은 모세 시대 한참 전에 죽었던 족장들, 곧 아브라함과 이

---

[5] R. T. 프랜스 『NICNT 마태복음』 권대영·황의무 옮김. 서울: 부흥과개혁사, 2021. p. 972.

삭과 야곱의 하나님 '이었다'라고 말씀하지 않으시고 그들의 하나님 '이다'라고 말씀하신다. 이는 족장들이 이미 죽었지만 모세 당시, 그리고 수신자들 시대에도(참조. 31절 - '하나님께서 너희에게 말씀하신 것') 여전히 현재적으로 존재한다는 사실을 깨닫게 해준다. 다시 말해서 족장들은 죽음으로 과거의 존재('이었다')가 되는 것이 아니라 이 세상과는 다른 형태의 현재적 존재('이다')로 계속 남아 있다는 것이다. 죽음 후 이러한 지속적 존재의 가능성은 궁극적 부활의 가능성도 내다보게 해준다."[6]

이제, 이해가 되시나요? 아브라함과 이삭과 야곱은 사람이 볼 때는 이미 죽고 없는 자들입니다. 그러나 그들은 하나님 앞에 여전히 살아 있습니다. 어디에 살아 있을까요? 바로 천국입니다. 그러나 천국이 하나님의 최종 목적이 아닙니다. 하나님이 우리를 이끌고 가실 최종 목적지는 요한계시록에 기록되어 있는 새 하늘과 새 땅입니다(사 66:22, 벧후 3:8-13, 계 21:1-7). 그곳에는 천국과 달리 부활한 사람들만 들어갑니다. 그러므로 아브라함과 이삭과 야곱이 천국에 있다는 것은 때가 되면 그들이 부활할 것이라는 것을 뜻합니다. 즉, 부활이 없다고 주장하는 사두개인들과 달리 부활이 있다는 분명한 증거인 것입니다. 여러분, 이제 실제로 이 이름에 그런 뜻이 있다는 것을 아시겠지요!

한편, 예수님이 또 뭐라고 말씀하셨습니까?

---

[6] 양용의 『한국성경주석 시리즈 01 마태복음』 고양: 이레서원, 2022. p. 1084.

요한복음 11:25-26 "예수께서 이르시되 **나는 부활이요 생명이니 나를 믿는 자는 죽어도 살겠고 무릇 살아서 나를 믿는 자는 영원히 죽지 아니하리니 이것을 네가 믿느냐?**"

여러분은 이 말씀을 참으로 믿으십니까? 이것은 거짓말이 아닙니다. 왜냐하면 마치 아브라함과 이삭과 야곱처럼 참된 신자는 죽었어도 죽은 것이 아니고 천국에서 하나님 앞에서 생생하게 살아있기 때문입니다. 또, 그들은 주님이 다시 오실 때 부활하여 영원히 죽지 않고 영생하게 될 것입니다. 할렐루야!

셋째로, 이 이름에는 아브라함과 이삭과 야곱의 후손을 통해서 일어나는 종교가 참 하나님이 세우신 인류를 구원할 수 있는 유일한 참 종교라는 놀라운 뜻이 있습니다.

저는 이것을 누구에게 듣거나 배우지 않았습니다. 2023년 11월 19일 성령께서 깨닫게 해주셔서 처음으로 알았습니다. 그래서 한편으로는 '정말 그런 의미일까?'라는 생각이 들기도 했습니다. 그러나 그 후 이 이름이 나온 구절들을 연구하다가 저는 성령께서 주신 이 깨달음이 진짜라는 것을 확인할 수 있었습니다.

사도행전 3:1-13 "제 구 시 기도 시간에 베드로와 요한이 성전에 올라갈새 나면서 못 걷게 된 이를 사람들이 메고 오니 이는 성전에 들어가는 사람들에게 구걸하기 위하여 날마다 미문이라는 성전 문에 두는 자라. 그가 베드로와 요한이 성전에 들어가려 함을 보고 구걸하거늘 베드로가 요한과 더불어 주목하여 이르되 우리를 보라 하니 그가 그들에게서 무엇을 얻을까 하여 바라보거늘 베드로가 이르되 **은과 금은 내게 없거니와 내게 있는 이것을 네게 주노니 나사렛 예수 그리스도의 이름으로 일어나 걸으라** 하고 오른손을 잡아 일으키니 발과 발목이 곧 힘을 얻고 뛰어 서서 걸으며 그들과 함께 성전으로 들어가면서 걷기도 하고 뛰기도 하며 하나님을 찬송하니 모든 백성이 그 걷는 것과 하나님을 찬송함을 보고 그가 본래 성전 미문에 앉아 구걸하던 사람인 줄 알고 그에게 일어난 일로 인하여 심히 놀랍게 여기며 놀라니라. 나은 사람이 베드로와 요한을 붙잡으니 모든 백성이 크게 놀라며 달려 나아가 솔로몬의 행각이라 불리우는 행각에 모이거늘 베드로가 이것을 보고 백성에게 말하되 **이스라엘 사람들아 이 일을 왜 놀랍게 여기느냐? 우리 개인의 권능과 경건으로 이 사람을 걷게 한 것처럼 왜 우리를 주목하느냐? 아브라함과 이삭과 야곱의 하나님 곧 우리 조상의 하나님이 그의 종 예수를 영화롭게 하셨느니라.**"

여러분, 뭐가 보이시나요? 아직 안 보이신다면 제가 학자들의 설명을 몇 가지 소개할 때 잘 들어보시기 바랍니다.

먼저, 대럴 벅은 13절에 대해 이렇게 썼습니다.

"베드로가 아브라함, 이삭, 야곱의 하나님을 언급할 때, 그는 **약속의 하나님과 민족의 하나님**을 떠올리게 한다."[7]

---

7 대럴 벅 『BECNT 사도행전』 전용우 옮김. 서울: 부흥과개혁사, 2019. p. 224.

여기에 나오는 "약속의 하나님"과 "민족의 하나님"은 둘 다 이 구절을 이해할 수 있는 중요한 힌트입니다. 즉, 이스라엘 민족을 통해서 이루시고자 한 약속을 이룬 것이라는 뜻입니다.

또, 에크하르트 J. 슈나벨은 13절에 대해 이렇게 썼습니다.

"이 걷지 못하던 사람을 고친 능력의 원천에 대해 베드로는 먼저 **언약을 지키시는 하나님의 신실하심**과 연결한다. … 하나님은 그들의 조상과 언약을 맺으셨다(25a-c절). 하나님은 아브라함의 씨를 통해 땅의 족속에게 복을 주실 것이다(25e-f절)."[8]

이제 뭔가 더 분명해지고 감이 잡히시지요!
또한, 하워드 마샬은 13절에 대해 이렇게 썼습니다.

"궁극적으로 발생한 일은 하나님, 곧 스스로를 족장들에게 계시하셨고, 이스라엘의 하나님이 되시기로 자청하신 바로 그 동일하신 하나님에게서 기인한 것이었다. 이것을 강조하는 이유가 25절 이하에서 명백해질 것이다."[9]

그런데 25-26절에 이렇게 기록되어 있습니다.

---

8 에크하르트 J. 슈나벨 『강해로 푸는 사도행전』 정현 옮김. 서울: 디모데, 2018. p. 216.
9 하워드 마샬 『TNTC 사도행전』 왕인성 옮김. 서울: 기독교문서선교회, 2016. pp. 146-147.

"너희는 선지자들의 자손이요 또 하나님이 **너희 조상과 더불어 세우신 언약의 자손이라. 아브라함에게 이르시기를 땅 위의 모든 족속이 너의 씨로 말미암아 복을 받으리라 하셨으니 하나님이 그 종을 세워 복 주시려고** 너희에게 먼저 보내사 너희로 하여금 돌이켜 각각 그 악함을 버리게 하셨느니라."

여러분, 이제는 분명히 아시겠지요! 모르셔도 어쩔 수 없습니다. 1대지에서 자세히 설명할 내용이라 여기서 더 자세히 다룰 수는 없습니다.

마지막으로, 브루스 B. 바톤 외 4인은 13절에 대해 이렇게 썼습니다.

"베드로가 유대인 청중에게 명백히 밝히고 싶었던 것은 그 기적이 바로 그들이 따르고 있다고 주장하는 그 하나님, 즉 아브라함의 하나님, 이삭의 하나님, 야곱의 하나님 곧 우리 조상의 하나님이 행하신 일이라는 사실이다. 또한 그 기적에는 그분의 종인 예수님을 영화롭게 하는 목적이 있었다. 성부는 이 기적을 통하여 성자를 높이신다. '종'이란 단어는 이사야 42:1; 49:6-7; 52:13; 53:11에 나오는 '여호와의 종'을 생각나게 한다. 베드로는 사람들이 예수님을 구약의 메시아 종(Servant-Messiah)과 동일하게 여기기를 원하고 있다."[10]

---

10 브루스 B. 바톤 외 4인 『LAB 사도행전』 김일우·임미영 옮김. 서울: 한국성서유니온선교회, 2018. p. 89.

여러분, 이제는 정말로 확실히 아시겠지요! 그러므로 참으로 이 이름에 아브라함과 이삭과 야곱의 후손을 통해서 메시아가 태어나고 그분이 일으키시는 종교가 인류를 구원할 수 있는 유일한 참 종교라는 놀라운 의미가 들어 있는 것입니다!

그런데, "아브라함의 하나님, 이삭의 하나님, 야곱의 하나님"이라는 하나님의 이름의 이 세 번째 뜻은 유일한 참 종교와 다른 모든 거짓 종교를 구분하는 시금석이 됩니다. 또, 정통과 이단을 구분하는 시금석이 됩니다. 나아가서, 무엇이 옳고 무엇이 그른 것인지, 즉 무엇이 의이고 무엇이 죄인지를 구분하는 시금석이 되기도 합니다. 한마디로, 모든 종교와 진짜 정통과 참 도덕의 완전하고 결정적인 시금석을 우리에게 제공해 줍니다. 그래서 그 가치가 이루 말할 수 없을 만큼 무한히 중요합니다. 그러므로 저는 하나님의 이 경이로운 이름을 1. 아브라함의 하나님, 2. 이삭의 하나님, 3. 야곱의 하나님으로 나눠서 이 이름에 들어 있는 대하드라마보다 웅장한 하나님의 뜻과 계획을 파노라마처럼 펼쳐서 여러분에게 자세히 보여 드리고자 합니다.

THE GOD OF ABRAHAM

제 **1** 장

"아브라함의 하나님"

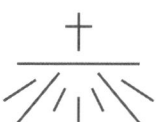

성경은 유일하신 참 하나님이 아브라함의 하나님이라고 말씀합니다. 먼저, 아브라함의 늙은 종이 거듭 이렇게 말했습니다.

창세기 24:12 "그가 이르되 우리 주인 **아브라함의 하나님** 여호와여."

창세기 24:27 "이르되 나의 주인 **아브라함의 하나님** 여호와를 찬송하나이다."

창세기 24:42 "내가 오늘 우물에 이르러 말하기를 내 주인 **아브라함의 하나님** 여호와여 만일 내가 행하는 길에 형통함을 주실진대"

창세기 24:48 "내 주인 **아브라함의 하나님** 여호와께서 나를 바른 길로 인도하사"

또, 하나님께서 직접 이삭에게 이렇게 말씀하셨습니다.

창세기 26:24 "그 밤에 여호와께서 그에게 나타나 이르시되 나는 네 아버지 **아브라함의 하나님**이니 두려워하지 말라."

또한, 시편에도 이렇게 기록되어 있습니다.

시편 47:9 "뭇 나라의 고관들이 모임이여 **아브라함의 하나님**의 백성이 되도다."

하나님은 단군이나 다른 나라의 시조의 하나님이 아닙니다. 이스라엘의 조상 아브라함의 하나님이십니다. 그러므로 신토불이가 다 좋은 것이 아닙니다. 종교는 반드시 이스라엘산이어야 합니다.
하나님은 아브라함을 믿음의 조상으로 택했습니다. 그런데 그 목적이 무엇인지 아십니까? 인류를 구원할 수 있는 참 종교를 일으켜서 천하 만민을 구원하는 것입니다. 이것이 사랑의 하나님이 영원 전부터 계획한 하나님의 목적이고 꿈입니다! 그런데 하나님께서 우리 교회를 사용하여 이 일을 계속하길 원하십니다. 그래서 하나님께서 나의 꿈을 사랑하는교회에 심었다고 하시는 것입니다.
한편, 아브라함을 부르신 목적을 깨닫는 것이 참 종교를 알 수 있게 하고 영원한 사활을 좌우합니다. 그러므로 이것을 여러분에게 성경으로 확실하게 증명해 드리고자 합니다.

(1) 아브라함의 소명

먼저, 하나님께서 아브라함을 부르신 것에 그를 택하신 이유가 무엇인지 분명히 나타나 있습니다.

> 창세기 12:1-3 "여호와께서 **아브람**에게 이르시되 너는 너의 고향과 친척과 아버지의 집을 떠나 내가 네게 보여 줄 땅으로 가라. 내가 너로 큰 민족을 이루고 네게 복을 주어 네 이름을 창대하게 하리니 너는 복이 될지라. 너를 축복하는 자에게는 내가 복을 내리고 너를 저주하는 자에게는 내가 저주하리니 **땅의 모든 족속이 너로 말미암아 복을 얻을 것이라** 하신지라."

하나님이 아브라함을 부르신 것은 유대인만을 위해서가 아닙니다. 땅의 모든 족속이 그로 말미암아 복을 얻게 하기 위한 것이었습니다. 이것이 창세기에 두 번이나 더 명시되어 있습니다.

> 창세기 18:18 "아브라함은 강대한 나라가 되고 **천하 만민은 그로 말미암아 복을 받게 될 것이 아니냐?**"

> 창세기 22:18 "**또 네 씨로 말미암아 천하 만민이 복을 받으리니** 이는 네가 나의 말을 준행하였음이니라 하셨다 하니라."

그런데, 이 구절들에 나오는 "복"은 물질적인 것이 아닙니다. 복음을 믿는 자에게 주시는 구원의 복입니다.

갈라디아서 3:8 "또 하나님이 **이방을 믿음으로 말미암아 의로 정하실 것**을 성경이 미리 알고 먼저 아브라함에게 **복음**을 전하되 **모든 이방인이 너로 말미암아 복을 받으리라** 하였느니라."

이처럼 하나님이 아브라함에게 하신 약속은 복음입니다. 또, "복"은 칭의를 뜻합니다. 왜냐하면 이 구절에서 "이방을 믿음으로 말미암아 의로 정하실 것"(이신칭의)과 "모든 이방인이 너로 말미암아 복을 받으리라"가 서로 겹쳐지기 때문입니다. 그 다음 구절들도 이것을 뒷받침해 줍니다.

갈라디아서 3:9-11 "**그러므로 믿음으로 말미암은 자는 믿음이 있는 아브라함과 함께 복을 받느니라.** 무릇 율법 행위에 속한 자들은 저주 아래에 있나니 기록된 바 누구든지 율법 책에 기록된 대로 모든 일을 항상 행하지 아니하는 자는 저주 아래에 있는 자라 하였음이라. **또 하나님 앞에서 아무도 율법으로 말미암아 의롭게 되지 못할 것이 분명하니 이는 의인은 믿음으로 살리라 하였음이라.**"

정말로 "복"이 이신칭의지요! 그러므로 이 구절들에 나오는 "복"은 팔복처럼 천국을 기업으로 받는 복입니다.

당연한 말이지만, 이 복은 오직 "그리스도 예수 안에서", 즉 예수님을 믿는 자에게 주어집니다.

갈라디아서 3:13-14 "그리스도께서 우리를 위하여 저주를 받은 바 되사 율법의 저주에서 우리를 속량하셨으니 기록된 바 나무에 달린 자마다 저주 아래에 있는 자라 하였음이라. **이는 그리스도 예수 안에서 아브라함의 복이 이방인에게 미치게 하고** 또 우리로 하여금 믿음으로 말미암아 성령의 약속을 받게 하려 함이라."

그러므로 이것은 예수님을 그리스도와 하나님의 아들로 믿는 기독교가 인류를 구원하는 유일한 참 종교라는 것을 보여줍니다. 동시에, 하나님께서 인류를 구원할 수 있는 유일한 참 종교를 일으키기 위해서 아브라함을 택하셨다는 것을 보여주는 것이기도 합니다. 이것이 첫 번째 증거입니다.

(2) 아브라함에게 주신 약속!

또, 우리는 아브라함에게 주신 다른 약속을 통해, 하나님이 아브라함을 인류를 구원할 유일한 참 종교를 일으키고 천하 만민을 구원하기 위해 택하셨다는 것을 알 수가 있습니다.

창세기 15:5 "그를 이끌고 밖으로 나가 이르시되 **하늘을 우러러 뭇별을 셀 수 있나 보라. 또 그에게 이르시되 네 자손이 이와 같으리라.**"

얼핏 보면, 이 약속은 단지 하늘의 뭇별처럼 아브라함의 후손들

1. 아브라함의 하나님

이 많아지게 될 것이라는 뜻으로 보입니다. 그러나 단지 그런 뜻이 아닙니다. 왜냐하면 바로 다음에 이런 유명한 구절이 나오기 때문입니다.

창세기 15:6 **"아브람이 여호와를 믿으니 여호와께서 이를 그의 의로 여기시고"**

이것은 하박국 2장 4절과 함께 구약성경에 나오는 이신칭의의 대표적인 근거 구절입니다. 바울은 이 구절에 근거해서 로마서 4장에서 이렇게 말했습니다.

로마서 4:1-3 "그런즉 육신으로 우리 조상인 아브라함이 무엇을 얻었다 하리요. 만일 아브라함이 행위로써 의롭다 하심을 받았으면 자랑할 것이 있으려니와 하나님 앞에서는 없느니라. 성경이 무엇을 말하느냐? 아브라함이 하나님을 믿으매 그것이 그에게 의로 여겨진 바 되었느니라."

그런데, 칭의가 단순히 하늘의 별처럼 아브라함의 후손이 많아진다고 우리가 얻을 수 있는 것입니까? 아닙니다. 오직 아브라함의 자손인 예수 그리스도를 믿음으로만 얻을 수 있습니다. 그래서 성경에 이런 구절이 나오는 것입니다.

갈라디아서 3:16 "이 약속들은 아브라함과 그 자손에게 말씀하신 것인데 **여럿을 가리켜 그 자손들이라 하지 아니하시고 오직 한 사람을 가리켜 네 자손이라 하셨으니 곧 그리스도라!**"

이것이 아브라함이 자기 후손에 대한 약속을 믿었을 때 그것 때문에 의롭다함을 받을 수 있었던 이유입니다. 그러므로 하늘의 뭇별처럼 많은 자손들에 대한 약속도 하나님께서 아브라함을 택한 목적이 인류를 구원할 수 있는 유일한 참 종교를 일으키기 위한 것이라는 것을 보여주는 또 하나의 증거입니다.

(3) 아브라함의 새 이름

또, 우리는 아브라함에게 주신 새 이름을 통해 하나님께서 아브라함을 인류를 구원할 수 있는 유일한 참 종교를 일으켜 천하 만민을 구원하기 위해 택하셨다는 것을 알 수가 있습니다.

창세기 17:4-5 "보라 내 언약이 너와 함께 있으니 너는 **여러 민족의 아버지가 될지라. 이제 후로는 네 이름을 아브람이라 하지 아니하고 아브라함이라 하리니 이는 내가 너를 여러 민족의 아버지가 되게 함이니라.**"

얼핏 보면, 이 약속은 이스라엘과 아랍 나라들 등 여러 민족의 아버지가 될 것이라는 의미로 보입니다. 그러나 이번에도 단순히 그런 뜻이 아닙니다. 그 증거로, 바울은 방금 전 살펴본 창세기 15장 5절과 이 구절의 의미를 이렇게 설명했습니다.

> 로마서 4:9-11, 16-18 "그런즉 이 복(칭의)이 할례자에게냐 혹은 무할례자에게도냐? 무릇 우리가 말하기를 아브라함에게는 그 믿음이 의로 여겨졌다 하노라. 그런즉 그것이 어떻게 여겨졌느냐? 할례시냐 무할례시냐? 할례시가 아니요 무할례시니라. 그가 할례의 표를 받은 것은 무할례시에 믿음으로 된 의를 인친 것이니 **이는 무할례자로서 믿는 모든 자의 조상이 되어 그들도 의로 여기심을 얻게 하려 하심이라**. … 율법에 속한 자에게 뿐만 아니라 아브라함의 믿음에 속한 자에게도 그러하니 **아브라함은 우리 모든 사람의 조상이라**. 기록된 바 **내가 너를 많은 민족의 조상으로 세웠다** 하심과 같으니 그가 믿은 바 하나님은 죽은 자를 살리시며 없는 것을 있는 것으로 부르시는 이시니라. 아브라함이 바랄 수 없는 중에 바라고 믿었으니 이는 **네 후손이 이같으리라** 하신 말씀대로 **많은 민족의 조상이 되게 하려 하심이라**."

이 중 17절의 "내가 너를 많은 민족의 조상으로 세웠다"는 창세기 17장 4-5절의 "여러 민족의 아버지가 될지라"를 인용한 것이고, 18절의 "네 후손이 이같으리라"는 창세기 15장 5절의 "하늘을 우러러 뭇별을 셀 수 있나 보라. … 네 자손이 이와 같으리라."를 인용한 것입니다. 그러므로 두 구절 다 단지 후손이 많아지고 이스라엘과 아랍 민족들의 조상이 된다는 뜻이 아닙니다. 둘 다 아브라함의 후손으로 그리스도가 태어나심으로 아브라함이 천하 만민 중에서 믿고 구원받게 될 모든 이들의 조상으로 선택을 받았다는 뜻입니다. 다음 구절들도 이것을 뒷받침해 줍니다.

갈라디아서 3:7 "그런즉 믿음으로 말미암은 자들은 아브라함의 자손인 줄 알지어다."

갈라디아서 3:29 "너희가 그리스도의 것이면 곧 아브라함의 자손이요 약속대로 유업을 이을 자니라."

또, 시편에 있는 구절도 어느 정도 이것을 뒷받침해 줍니다.

시편 47:1-3, 9 "너희 **만민들**아 손바닥을 치고 즐거운 소리로 하나님께 외칠지어다. 지존하신 여호와는 두려우시고 **온 땅에 큰 왕**이 되심이로다. 여호와께서 **만민을 우리에게**, **나라들**을 우리 발아래에 복종하게 하시며 … 뭇 나라의 고관들이 모임이여 아브라함의 하나님의 백성이 되도다."

여러분, 어떻습니까? 진짜로 아브라함에게 주신 새 이름이 하나님께서 인류를 구원할 수 있는 유일한 참 종교를 일으키기 위해 아브라함을 택하셨다는 것을 보여주는 증거임이 확실하지요!

(4) 베드로의 설교!

또한, 우리는 서론에서 잠깐 다룬 적이 있는 사도행전 3장을 통해, 하나님께서 아브라함을 인류를 구원할 수 있는 유일한 참 종교를 일으켜서 천하 만민을 구원하기 위해 택하셨다는 것을 재확인할 수 있습니다.

거기에 보면, 베드로와 요한이 성전에 올라가다가 태어날 때부터 걸을 수 없는 걸인이 구걸하고 있는 것을 보았습니다. 두 사람은 그에게 "우리를 보라!"고 말했습니다. 그 말을 듣고 기대감을 가지고 걸인이 쳐다보자 베드로가 담대히 명령했습니다.

사도행전 3:6 "은과 금은 내게 없거니와 내게 있는 이것을 네게 주노니 **나사렛 예수 그리스도의 이름으로** 일어나 걸으라!"

그러자 걸인이 즉각 걷기도 하고 뛰기도 하며 하나님을 찬송했습니다. 이 기적을 보고, 많은 사람이 크게 놀라서 솔로몬의 행각에 모였습니다. 그때 베드로가 그들에게 이렇게 말했습니다.

사도행전 3:12-13 "이스라엘 사람들아! 이 일을 왜 놀랍게 여기느냐? 우리 개인의 권능과 경건으로 이 사람을 걷게 한 것처럼 왜 우리를 주목하느냐? 아브라함과 이삭과 야곱의 하나님 곧 우리 조상의 하나님이 그의 종 예수를 영화롭게 하셨느니라."

베드로는 이 기적이 자신이나 요한의 능력이나 경건을 증명하기 위해 일어난 것이 아니라고 했습니다. 그런데 왜 우리를 주목하느냐고 했습니다. 이스라엘 백성들이 주목해야 할 것은, 자신들이 아니라 예수님이라는 것입니다. 즉, 이 기적을 통해 예수님이 누구신지 깨달아야 한다는 것입니다.

그럼 예수님은 누구실까요? 이것은 인류 역사상 가장 중요한 질문입니다. 베드로는 전에 "너희는 나를 누구라 하느냐?"(마 16:15)는 주님의 질문에 이렇게 대답했습니다.

마태복음 16:16 **"주는 그리스도시요 살아 계신 하나님의 아들이시니이다."**

그런데, 지금 그중에 예수님이 그리스도(구원자)이심을 확증하려고 하고 있습니다. 그는 13절에서 그 목적으로 두 가지 증거를 제시했습니다.

첫째는, "그의 종 예수"라는 표현에 나오는 '종'이라는 단어입니다. 이 단어는 이사야서에 기록되어 있는 다음 구절들을 생각나게 합니다.

이사야 42:1-4 "**내가 붙드는 나의 종**, 내 마음에 기뻐하는 자 곧 내가 택한 사람을 보라. **내가 나의 영을 그에게 주었은즉 그가 이방에 정의를 베풀리라.** 그는 외치지 아니하며 목소리를 높이지 아니하며 그 소리를 거리에 들리게 하지 아니하며 상한 갈대를 꺾지 아니하며 꺼져가는 등불을 끄지 아니하고 진실로 정의를 시행할 것이며 그는 쇠하지 아니하며 낙담하지 아니하고 세상에 정의를 세우기에 이르리니 **섬들이 그 교훈을 앙망하리라.**"[11]

이사야 49:6-7 "그가 이르시되 네가 **나의 종**이 되어 야곱의 지파들을 일으키며 이스라엘 중에 보전된 자를 돌아오게 할 것은 매우 쉬운 일이라. **내가 또 너를 이방의 빛으로 삼아 나의 구원을 베풀어서 땅 끝까지 이르게 하리라.** 이스라엘의 구속자 이스라엘의 거룩한 이이신 여호와께서 사람에게 멸시를 당하는 자, 백성에게 미움을 받는 자, 관원들에게 종이 된 자에게 이같이 이르시되 **왕들이 보고 일어서며 고관들이 경배하리니 이는 이스라엘의 거룩하신 이 신실하신 여호와 그가 너를 택하였음이니라.**"[12]

이사야 52:13-15 "보라 **내 종**이 형통하리니 받들어 높이 들려서 지극히 존귀하게 되리라. 전에는 그의 모양이 타인보다 상하였고 그의 모습이 사람들보다 상하였으므로 많은 사람이 그에 대하여 놀랐거니와 그가 나라들을 놀라게 할 것이며 왕들은 그로 말미암아 그들의 입을 봉하리니 이는 그들이 아직 그들에게 전파되지 아니한 것을

---

11 참조. 마 12:18-20 "보라 내가 택한 종 곧 내 마음에 기뻐하는 바 내가 사랑하는 자로다. 내가 내 영을 그에게 줄 터이니 그가 심판을 이방에 알게 하리라. 그는 다투지도 아니하며 들레지도 아니하리니 아무도 길에서 그 소리를 듣지 못하리라. 상한 갈대를 꺾지 아니하며 꺼져가는 심지를 끄지 아니하기를 심판하여 이길 때까지 하리니"
12 참조. 눅 2:32 "이방을 비추는 빛이요 주의 백성 이스라엘의 영광이니이다 하니"

볼 것이요 아직 듣지 못한 것을 깨달을 것임이라."[13]

이사야 53:1-12 "우리가 전한 것을 누가 믿었느냐? 여호와의 팔이 누구에게 나타났느냐? 그는 주 앞에서 자라나기를 연한 순 같고 마른 땅에서 나온 뿌리 같아서 고운 모양도 없고 풍채도 없은즉 우리가 보기에 흠모할 만한 아름다운 것이 없도다. 그는 멸시를 받아 사람들에게 버림받았으며 간고를 많이 겪었으며 질고를 아는 자라. 마치 사람들이 그에게서 얼굴을 가리는 것 같이 멸시를 당하였고 우리도 그를 귀히 여기지 아니하였도다. 그는 실로 우리의 질고를 지고 우리의 슬픔을 당하였거늘 우리는 생각하기를 그는 징벌을 받아 하나님께 맞으며 고난을 당한다 하였노라. 그가 찔림은 우리의 허물 때문이요 그가 상함은 우리의 죄악 때문이라. 그가 징계를 받으므로 우리는 평화를 누리고 그가 채찍에 맞으므로 우리는 나음을 받았도다. 우리는 다 양 같아서 그릇 행하여 각기 제 길로 갔거늘 여호와께서는 우리 모

---

[13] 참조. 마 26:67 "이에 예수의 얼굴에 침 뱉으며 주먹으로 치고 어떤 사람은 손바닥으로 때리며"
마 5:31-32 "또 일렀으되 누구든지 아내를 버리려거든 이혼 증서를 줄 것이라 하였으나 나는 너희에게 이르노니 누구든지 음행한 이유 없이 아내를 버리면 이는 그로 간음하게 함이요. 또 누구든지 버림받은 여자에게 장가드는 자도 간음함이니라."
마 7:28 "예수께서 이 말씀을 마치시매 무리들이 그의 가르치심에 놀라니"
마 13:11, 17 "대답하여 이르시되 천국의 비밀을 아는 것이 너희에게는 허락되었으나 그들에게는 아니되었나니 … 내가 진실로 너희에게 이르노니 많은 선지자와 의인이 너희가 보는 것들을 보고자 하여도 보지 못하였고 너희가 듣는 것들을 듣고자 하여도 듣지 못하였느니라."
마 19:4-8 "예수께서 대답하여 이르시되 사람을 지으신 이가 본래 그들을 남자와 여자로 지으시고 말씀하시기를 그러므로 사람이 그 부모를 떠나서 아내에게 합하여 그 둘이 한 몸이 될지니라 하신 것을 읽지 못하였느냐? 그런즉 이제 둘이 아니요 한 몸이니 그러므로 하나님이 짝지어 주신 것을 사람이 나누지 못할지니라 하시니 여짜오되 그러면 어찌하여 모세는 이혼 증서를 주어서 버리라 명하였나이까? 예수께서 이르시되 모세가 너희 마음의 완악함 때문에 아내 버림을 허락하였거니와 본래는 그렇지 아니하니라."
마 22:22 "그들이 이 말씀을 듣고 놀랍게 여겨 예수를 떠나가니라."

두의 죄악을 그에게 담당시키셨도다. 그가 곤욕을 당하여 괴로울 때에도 그의 입을 열지 아니하였음이여. 마치 도수장으로 끌려가는 어린 양과 털 깎는 자 앞에서 잠잠한 양 같이 그의 입을 열지 아니하였도다. 그는 곤욕과 심문을 당하고 끌려갔으나 그 세대 중에 누가 생각하기를 그가 살아 있는 자들의 땅에서 끊어짐은 마땅히 형벌 받을 내 백성의 허물 때문이라 하였으리요. 그는 강포를 행하지 아니하였고 그의 입에 거짓이 없었으나 그의 무덤이 악인들과 함께 있었으며 그가 죽은 후에 부자와 함께 있었도다. 여호와께서 그에게 상함을 받게 하시기를 원하사 질고를 당하게 하셨은즉 그의 영혼을 속건제물로 드리기에 이르면 그가 씨를 보게 되며 그의 날은 길 것이요. 또 그의 손으로 여호와께서 기뻐하시는 뜻을 성취하리로다. 그가 자기 영혼의 수고한 것을 보고 만족하게 여길 것이라. **나의 의로운 종이 자기 지식으로 많은 사람을 의롭게 하며 또 그들의 죄악을 친히 담당하리로다.** 그러므로 내가 그에게 존귀한 자와 함께 몫을 받게 하며 강한 자와 함께 탈취한 것을 나누게 하리니 이는 그가 자기 영혼을 버려 사망에 이르게 하며 범죄자 중 하나로 헤아림을 받았음이니라. 그러나 **그가 많은 사람의 죄를 담당하며** 범죄자를 위하여 기도하였느니라."[14]

---

14 참조. 요 12:38 "이는 선지자 이사야의 말씀을 이루려 하심이라. 이르되 주여 우리에게서 들은 바를 누가 믿었으며 주의 팔이 누구에게 나타났나이까 하였더라."
마 8:17 "이는 선지자 이사야를 통하여 하신 말씀에 우리의 연약한 것을 친히 담당하시고 병을 짊어지셨도다 함을 이루려 하심이더라."
행 8:32 "읽는 성경 구절은 이것이니 일렀으되 그가 도살자에게로 가는 양과 같이 끌려갔고 털 깎는 자 앞에 있는 어린 양이 조용함과 같이 그의 입을 열지 아니하였도다."
눅 22:37 "내가 너희에게 말하노니 기록된 바 그는 불법자의 동류로 여김을 받았다 한 말이 내게 이루어져야 하리니 내게 관한 일이 이루어져 감이니라."

이 예언들 속에서 "종"은 인류를 구원할 그리스도를 뜻합니다. 그런데, 신약성경에 보면 전부 예수님에게서 이루어졌습니다. 참으로 예수님이 인류 구원을 위해 오신 그리스도라는 증거입니다.

둘째는, 13절의 "아브라함과 이삭과 야곱의 하나님"이라는 표현입니다. 이것은 이스라엘의 조상들의 하나님이 이 기적을 일으키셨다는 것입니다. 그런데 이것이 왜 예수님이 그리스도라는 증거일까요? 그것은 이 구절을 25-26절과 연결해서 읽어보시면 알 수 있습니다.

"너희는 선지자들의 자손이요 또 **하나님이 너희 조상과 더불어 세우신 언약의 자손이라. 아브라함에게 이르시기를 땅 위의 모든 족속이 너의 씨로 말미암아 복을 받으리라 하셨으니 하나님이 그 종을 세워 복 주시려고** 너희에게 먼저 **보내사** 너희로 하여금 돌이켜 각각 그 악함을 버리게 하셨느니라."

이제, 왜 증거인지 감이 잡히시지요! 먼저, 베드로는 이렇게 말했습니다.

"너희는 **선지자들의 자손**이요 또 하나님이 **너희 조상과 더불어 세우신 언약의 자손**이라."

구약시대의 수많은 선지자가 그리스도에 대해 예언했습니다. 또, 하나님께서 유대인들의 조상 아브라함과 언약을 세우셨습니다. 그런데 그 언약의 내용이 무엇일까요? 언약의 핵심은 바로 이 것입니다.

"아브라함에게 이르시기를 **땅 위의 모든 족속이 너의 씨로 말미암아 복을 받으리라** 하셨으니"

이것은 바울이 말한 대로 복음입니다(갈 3:8). 왜냐하면 그리스도를 보내 인류를 구원하시겠다는 뜻이기 때문입니다. 이것을 기억하고 베드로가 그 다음에 한 말을 읽어보십시오.

"하나님이 그 종을 세워 **복 주시려고** 너희에게 먼저 보내사 너희로 하여금 돌이켜 각각 그 악함을 버리게 하셨느니라."

여기서 "그 종"은 예수님입니다. 또, 이사야가 예언한 "종"이라 불린 그리스도를 가리킵니다. 예수님이 그리스도라는 뜻입니다. 또, "복"은 물질적인 것이 아니라 칭의를 뜻합니다. 그런 복을 주기 위해 예수님을 보내셨다는 것입니다. 그런데 이것은 예수님이 그리스도라는 것뿐 아니라, 한 걸음 더 나아가 아브라함을 택한 목적이 인류를 구원할 수 있는 유일한 참 종교를 일으키기 위한 것이라는 것과 그것이 기독교라는 것을 보여줍니다. 정말로 그렇지요! 그러므로 여러분 모두 나를 구원할 수 있는 유일한 참 종교는 기독교뿐이라는 것을 믿으시기 바랍니다.

이상 설명해드린 것처럼, 하나님께서 아브라함을 택한 이유는 인류를 구원할 수 있는 유일한 참 종교를 일으키기 위한 것이었습니다. 그런데, 현재 아브라함을 믿음의 조상으로 생각하는 종교는 유대교, 기독교, 이슬람교 등 셋뿐입니다. 이것은 참 종교가 이 셋 중의 하나이고, 나머지는 다 거짓 종교라는 뜻이 됩니다. 그래서 선택의 범위가 확 줄었지요! 그러나 여기서 만족할 수는 없습니다. 우리는 반드시 어느 것이 참 종교인지 알아야 합니다.

그러면 어느 것이 참 종교일까요? 현재 세 종교 모두 자기네가 진짜라고 우기고 있습니다. 그래서 죽은 후에나 어느 것이 참 종교인지 알 수 있을 것처럼 생각될 수도 있습니다. 그런데, 감사하게도 그렇지 않습니다. 지금 알 수가 있습니다. 왜냐하면 그것이 "아브라함의 하나님, 이삭의 하나님, 야곱의 하나님"이라는 하나님의 이름에 분명히 나타나 있기 때문입니다. 이 이름은 하나님이 세운 참 종교를 알아보게 해줍니다. 또, 이 이름 속의 세 가지 이름은 우리들을 참 종교로 인도하는 세 가지 이정표입니다. 왜냐하면 그 이름들에 하나님께서 누구를 통해 참 종교를 일으킬 것인지가 나타나 있기 때문입니다. 이것이 그 이름들이 들어 있는 하나님의 이름을 상고하는 것이 중요한 이유입니다.

여러분, 하나님께서 유일한 참 종교를 일으키기 위해 누구를 택하셨습니까? 아브라함이지요. 그런데 왜 단순히 '아브라함의 하나님'이라고 하시지 않고 '아브라함의 하나님, 이삭의 하나님, 야곱의 하나님'이라고 하셨을까요? 그 이유는 간단합니다. 당장 아브라함을 통해 그 목적을 이루시는 것이 아니라 그 후손들을 통해서 이루실 것이기 때문입니다.

그런데, 아브라함에게는 여러 명의 자녀가 있었습니다. 그중 누구를 통해서 하나님이 꿈을 이루실까요? 바로 이삭입니다! 또, 이삭도 자녀가 둘입니다. 그중 누구를 통해서 하나님이 꿈을 이루실까요? 바로 야곱입니다! 그래서 하나님께서 이스라엘의 조상으로 아브라함만 말하지 않고 '아브라함과 이삭과 야곱' 세 명을 언급한 것입니다.

출애굽기 3:6 "또 이르시되 나는 **네 조상의 하나님**이니 **아브라함의 하나님, 이삭의 하나님, 야곱의 하나님**이니라."

정말로 이스라엘의 조상이 아브라함과 이삭과 야곱이라고 되어 있지요. 또, 출애굽기에 이런 표현이 세 번이나 더 나옵니다(출 3:15, 16, 4:5). 사도행전에도 이런 표현이 두 번 더 나옵니다(행 3:13, 7:32). 이처럼 성경은 아브라함뿐 아니라 이삭과 야곱이 그리스도가 탄생할 이스라엘의 조상이라고 말씀합니다. 그러므로 인류를 구원할 수 있는 참 종교는 반드시 아브라함의 후손, 그 다음 이삭의 후손, 그 다음 야곱의 후손들에서 나와야 합니다.

또, 역사를 보면 실제로 그렇게 되었습니다. 먼저, 아브라함과 이삭과 야곱의 후손들 중에서 누가 나왔습니까? 하나님의 사람 모세입니다. 그는 이스라엘 백성을 출애굽 시킨 후 시내산에서 하나님께 십계명과 율법을 받았습니다. 또, 하나님이 지시하신 대로 성막을 만들고, 제사장들과 레위인들을 세우고, 각종 제사와 모든 규례를 정함으로 유대교를 만들었습니다. 그렇다고 전에 참 하나님을 믿는 참 종교가 없었던 것이 아닙니다. 창세기를 읽어보면, 아담 때부터 사람들이 하나님을 믿고 섬겼습니다. 그러나 개인 신앙 형태였습니다. 그랬던 것이 모세를 통해 구약시대의 유일한 참 종교인 유대교로 온전히 세워졌습니다.

다음으로, 아브라함과 이삭과 야곱의 후손들 중에서 누가 탄생했습니까? 예수님이십니다! 예수님은 모세의 율법이 예표한 그림자들이 있게 한 실체이시고, 모든 선지자가 예언한 그리스도이십니다. 성경대로 인류의 죄를 지고 십자가에서 죽으시고 성경대로 부활하셨습니다(고전 15:1-8). 그 후 에녹과 엘리야처럼 승천하셔서 요엘이 예언한 성령을 교회에 부어주셨습니다(행 2:33, 딛 3:6). 그것을 통해 유대교의 완성이자 천하 만민을 위한 유일한 참 종교인 기독교가 만들어졌습니다. 하나님께서 아브라함을 택하여 만민을 위해 세우고자 하신 참 종교가 드디어 완성이 된 것입니다. 그것이 기독교입니다! 여러분, 기독교는 이런 종교입니다!

또, 하나님께서 아브라함에게 약속한 대로, 기독교는 한 나라가 아니라 천하 만민을 위한 종교입니다. 때문에 예수님은 승천하시기 전, 제자들에게 이렇게 명령하셨습니다.

> 마태복음 28:19-20 "너희는 가서 모든 민족을 제자로 삼아 아버지와 아들과 성령의 이름으로 세례를 베풀고 내가 너희에게 분부한 모든 것을 가르쳐 지키게 하라."

> 마가복음 16:15 "너희는 온 천하에 다니며 만민에게 복음을 전파하라."

사도행전 1:8 "오직 성령이 너희에게 임하시면 너희가 권능을 받고 예루살렘과 온 유대와 사마리아와 땅 끝까지 이르러 내 증인이 되리라."

그 후 지금까지 모든 교회가 이 명령에 순종해서 그것을 이루기 위해 사역하고 있습니다. 교회는 절대로 이 목적에서 벗어나면 안 됩니다. 그 결과 하나님께서 아브라함에게 약속하신 천하 만민이 복(칭의)을 받는 일이 실제로 일어나고 있습니다. 그리고 그것은 예수님의 재림 때 온 이스라엘이 구원을 받게 됨으로 완성될 것입니다. 할렐루야!

여러분, 다 들어보시니 어떻습니까? 하나님이 세운 열방을 구원하기 위한 유일한 참 종교가 기독교라는 것이 분명하지요! 연이어 할 설명을 들으면 더 분명해집니다. 그러므로 여러분 모두 잘 들으시고 꼭 예수님을 믿으시기 바랍니다.

그런데, 위 설명에서 아쉬운 것이 하나 있습니다. 유대교, 기독교, 이슬람교와 달리 불신자들과 그 외 타종교인들은 아브라함을 믿음의 조상이라고 생각하지 않습니다. 그래서 그들에게는 방금 한 설명이 설득력이 떨어집니다. 또, 무슬림들도 그들이 고안해 낸 성경 변질론 때문에 설명이 성경적이고 흠 잡을 데가 없어도 승복하지 않을 수 있습니다. 그 점이 아쉽습니다.

하지만, 감사하게도 하나님께서 아브라함을 택해 인류를 구원할 수 있는 유일한 참 종교를 일으키셨다는 것을 그들도 인정할 수밖에 없는 결정적인 증거 두 가지가 있습니다.

첫째로, 아브라함의 일대기가 들어 있는 창세기가 그 증거입니다.

참 신은 신을 자처한다고 되는 것이 아닙니다. 천지와 만물과 사람을 만든 분이 참 신입니다. 그래서 참 종교는 태초에 시작될 수밖에 없습니다. 참 종교는 한참 후에 새로 생기는 종교가 아닙니다. 그런 종교는 모두 가짜입니다. 생긴 지 몇십 년이 되었든 몇천 년이 되었든 마찬가지입니다. 그러므로 창조 한참 뒤에 누가 도를 깨달았다, 또는 계시를 받았다고 해서 생겨난 종교들은 다 가짜입니다.

생각해 보십시오. 창조주가 아니라면 피조물입니다. 그런데 창조주가 엄연히 계신데 감히 피조물이 무엇을 깨달았다 혹은 계시를 받았다고 하면서 신이라고 자처하거나 다른 신을 만들어낸다면 그것이 어찌 참 신일 수 있겠습니까? 거짓 신일 수밖에 없습니다. 그렇지 않나요?

또, 생각해 보십시오. 신은 인류를 창조했을 뿐 아니라 구원하거나 심판해야 합니다. 신은 인류 전체를 상대해야 합니다. 그런데 만약 창조 한참 후에 생겨난 종교가 참이라면, 그동안 신은 무엇을 했다는 말입니까? 그렇게 생겨난 종교가 참 종교라면, 그 종교가 생겨나기 전의 인류는 모두 방치되고 잃어버린 것이 됩니다. 있을 수 없는 일입니다. 그러므로 그 종교들이 참 종교일 수는 없습니다.

그런데, 기독교도 하나님께서 아브라함을 택해서 일으켰습니다. 그래서 똑같지 않느냐고 반문할 수 있습니다. 그러나 창세기를 읽어 보십시오. 창세기가 단지 아브라함의 일대기입니까? 아닙니다.

창세기 1:1 "**태초에 하나님이 천지를 창조하시니라.**"

이처럼 창세기는 천지창조로 시작합니다. 또, 인류의 시조 아담부터 아벨, 셋, 에녹, 노아 등 처음부터 하나님을 믿는 사람들이 있었습니다. 기독교의 근원은 천지창조와 그 이전인 영원 전까지 거슬러 올라갑니다. 그러나 세상의 모든 종교는 천지창조까지 거슬러 올라가지 않습니다. 즉, 천지를 창조한 유일신이신 참 하나님과 전혀 무관하다는 말입니다. 그러므로 모두 신흥 종교요, 가짜 종교일 뿐입니다.

이것은, 이슬람교도 예외가 아닙니다. 이슬람교는 알라가 천지를 창조했다고 주장합니다. 그러나 알라는 그런 신이 아닙니다. 그 증거로, 데이비드 클라우드는 『이슬람교 바로 알기』라는 책에서 이렇게 썼습니다.

> "무함마드의 시대에는 **360개의 우상들이 들어서 있는 사원이** 메카에 있었는데, **그 우상들 중의 하나가** 수백 년 동안 **무함마드가 속했던 부족의 최고신으로 인정받아 왔던 '알-일라' 즉 알라였다.**"[15]

또, 알라는 월신(月神)이었습니다. 때문에 소윤정 교수님은 『꾸란과 성령』이라는 책에서 이렇게 썼습니다.

---

15 클라우드 외 『이슬람교 바로 알기』 박용찬 외 옮김. 인천: 그리스도 예수안에, 2016. pp. 31-32.

"무함마드 이전에 알라는 메카의 많은 신들 중 하나였고 카바신전의 다신들과 아무 탈 없이 공존하였었다."[16]

그런데도, 무슬림들은 이 알라가 아브라함이 믿었던 하나님이라고 주장합니다. 그러나 성경의 하나님은 이런 우상 나부랭이와 사이좋게 지내는 분이 아닙니다.

사무엘상 5:1-7 "블레셋 사람들이 **하나님의 궤(하나님이 임재해 계셨던 법궤)**를 빼앗아 가지고 에벤에셀에서부터 아스돗에 이르니라. 블레셋 사람들이 하나님의 궤를 가지고 다곤의 신전에 들어가서 다곤 곁에 두었더니 아스돗 사람들이 이튿날 일찍이 일어나 본즉 다곤이 여호와의 궤 앞에서 엎드러져 그 얼굴이 땅에 닿았는지라. 그들이 다곤을 일으켜 다시 그 자리에 세웠더니 그 이튿날 아침에 그들이 일찍이 일어나 본즉 다곤이 여호와의 궤 앞에서 또다시 엎드러져 얼굴이 땅에 닿았고 그 머리와 두 손목은 끊어져 문지방에 있고 다곤의 몸뚱이만 남았더라. 그러므로 다곤의 제사장들이나 다곤의 신전에 들어가는 자는 오늘까지 아스돗에 있는 다곤의 문지방을 밟지 아니하더라. 여호와의 손이 아스돗 사람에게 엄중히 더하사 독한 종기의 재앙으로 아스돗과 그 지역을 쳐서 망하게 하니 **아스돗 사람들이 이를 보고 이르되 이스라엘 신의 궤를 우리와 함께 있지 못하게 할지라. 그의 손이 우리와 우리 신 다곤을 친다 하고**"

---

16 소윤정 『꾸란과 성령』 서울: CLC, 2020. p. 64.

과연 이런 하나님이 수백 년 동안 360개의 우상들과 찍소리 없이 잘 지낸 알라와 같은 신일까요? 절대 아닙니다. 그런데 무함마드가 여러 우상 중 하나에 지나지 않는 알라를 천지를 창조한 유일신으로 둔갑시킨 것입니다. 유해석 목사님은 그것을 다음과 같이 폭로했습니다.

> "**'알라'라는 이름은 본래 무함마드가 속한 쿠라이쉬(Quraish) 부족이 섬기던 신의 이름**이었다. … 특별히 무함마드의 가문인 쿠라이쉬 가문은 메카의 카바(Kabah) 신전을 관리하는 부족이었다. … **알라는 무함마드가 속한 쿠라이쉬 부족 신 가운데 가장 높은 신의 이름**이었다. 그리고 그 신은 3명의 딸을 두었다고 생각했다. …
> 꾸란은 카바에서 섬겼던 모든 우상의 형상들을 거절함으로써, 신들과 신적인 대상들을 제거함으로써 비타협적인 유일신을 이끌어 내었다. 무함마드가 알라의 개념을 둘러싸고 있던 다신교적인 요소들을 정화시켜 버린 것이다. 그리고 그는 알라를 그 어느 것과도 비교할 수 없는 유일신의 개념으로 정리해버렸다."[17]

그러므로 알라는 천지를 창조한 유일신이 아니라, 단지 무함마드가 기독교를 패러디하여 유일신으로 둔갑시킨 일개 우상일 뿐입니다.

또, 생각해 보십시오. 이슬람교의 주장대로 유대교와 기독교가

---

17 유해석 『기독교와 이슬람 무엇이 다른가』 서울: 생명의말씀사, 2019. pp. 50-51.

본래 참 종교였으나 성경이 변질된 것이라면, 알라는 성경이 변질된 후 이슬람교가 생겨나기까지 도대체 무엇을 한 것입니까? 전에, 창조 이후 중간에 생겨난 종교들에게 제기한 것과 똑같은 문제가 발생합니다. 무함마드는 주후 570년에 태어나서 632년에 죽었습니다. 유대교를 제외하고 기독교만 생각해도 약 600년이라는 참 종교의 부재라는 공백이 생깁니다. 도대체 그동안 알라는 무엇을 한 것일까요? 신은 이렇게 게으르지 않습니다. 신은 이렇게 무책임하지 않습니다. 신은 이렇게 직무유기를 하지 않습니다. 그러므로 이슬람교는 물론이고 창조 한참 후에 생겨난 종교들은 모두 다 참 종교가 아닙니다. 오직 천지창조에 굳건히 뿌리를 내리고 있는 기독교만이 참 하나님을 믿고 따르는 유일한 참 종교입니다.

둘째로, 하나님께서 아브라함을 택해서 복을 주시고, 후손을 창대케 하시고, 그를 통해 천하 만민이 복을 받게 하시리라는 약속을 이루는 과정에서 친히 참 종교와 함께하셨다는 것이 그 증거입니다.

하나님은 눈에 보이지 않습니다. 그런데 어떻게 이것이 증거가 될까요? 그것은 그 결과 하나님이 함께하시지 않으면 일어날 수 없는 어마어마한 기적들이 그 종교에서 일어났기 때문입니다. 강신 무당이 귀신의 힘을 빌려서 일으키고, 타종교들에도 어느 정도 일어나는 그런 기적들이 아닙니다. 오직 참 신인 전능하신 하나님만이 일으킬 수 있는 엄청난 기적들이 일어났습니다.

먼저, 하나님은 구약시대 내내 이스라엘의 유대교와 함께하셨습니다. 그래서 이스라엘 나라에 타민족과 타종교에서는 전혀 찾아볼 수 없는 엄청난 기적들이 줄줄이 일어났습니다. 그것이 구약성경에 기록되어 있는데, 그중 일부를 소개해 드리겠습니다. 먼저, 하나님은 모세를 통해 최강대국 애굽을 10가지 재앙으로 굴복시키고, 홍해를 갈라서 육지처럼 건너게 하고, 일교차가 심한 광야에서 밤에는 불기둥 낮에는 구름기둥으로 보호하시고, 사막의 반석에서 수백만이 마실 수 있는 물이 강처럼 터지게 하시고, 하늘에서 만나와 메추라기를 내려 그들을 먹이시고, 전쟁할 때마다 기적적으로 승리하게 해주셨습니다. 또, 여호수아를 통해 범람한 요단강을 가르시고, 철옹성인 여리고성이 무너지게 하시고, 태양과 달을 멈추게 하셨습니다. 또, 엘리야와 엘리사를 통해서 하늘에서 불을 내리기도 하고, 문둥이를 깨끗하게 하고, 순간 이동을 하고, 군대를 이기기도 하고, 심지어 엘리사의 죽은 뼈에 닿자 시체가 살아났습니다. 또, 다니엘을 통해 느부갓네살 왕이 잊어버린 꿈을 정확하게 맞추고 해석할 뿐 아니라 굶주린 사자 굴에서도 보호하시고, 바벨론, 메데 바사, 헬라, 로마제국을 통해 이루어질 미래의 일들과 지구의 종말까지 정확히 예언하게 하셨습니다. 여러분, 세상에 이런 나라나 종교가 어디에 있습니까? 전무후무하지 않나요?

더구나, 이것도 극히 일부일 뿐입니다. 하나님께서 유대교와 함께하셔서 행하신 기적들이 너무 많아서 히브리서 기자처럼 저도 이렇게 말할 수밖에 없습니다.

히브리서 11:32 "내가 무슨 말을 더 하리요? 기드온, 바락, 삼손, 입다, 다윗 및 사무엘과 선지자들의 일을 말하려면 내게 시간이 부족하리로다."

다음으로, 하나님은 신약시대 내내 국경을 초월해서 기독교와 함께하셨습니다. 먼저, 교회의 머리이신 예수님이 놀라운 기적들을 행하셨습니다. 그것이 사복음서에 기록되어 있는데, 너무 많아서 이 시간 다 소개할 수가 없습니다. 직접 읽어 보십시오! 대신, 지금은 사복음서의 마지막 구절 하나를 읽어드리겠습니다.

요한복음 21:25 "예수께서 행하신 일이 이 외에도 많으니 만일 낱낱이 기록된다면 이 세상이라도 이 기록된 책을 두기에 부족할 줄 아노라."

또, 사도행전에 기록되어 있는 베드로의 그림자만 지나가도 병자들이 낫고 바울의 손으로 희한한 능을 행하게 하신 것과 예수님처럼 죽은 자들을 살린 것과, 그 이후 교회사에 나타나 있는 수많은 기적들을 읽어보십시오. 자주 구름처럼 공중에 높이 떠서 기도하고 모세를 연상시키는 엄청난 스케일의 기적들을 일으킨 성 프란시스와 성 비오를 비롯해서, 성 안토니, 없는 다리가 생겨나게 한 창조의 기적과 죽은 사람 24명을 살린 스미스 위글스워스, 없는 팔과 다리와 치아가 생겨나는 수많은 창조적인 기적을 일으킨 윌리엄 씨무어, 존 레이크, 캐더린 쿨만, 최권능, T. L. 오스본, 멜 태리, 마마쾅, 오랄 로버츠, 케네스 해긴, 리처드 시그문드, 롤랜드

벽, 윈 형제, 까를로스 아나콘디아, 베니 힌, 라인하르트 본케, 또 입이 안 다물어지는 창조의 기적들을 일으킨 제임스 말로니와 오병이어의 기적과 죽은 자가 살아나는 기적이 숱하게 일어났고 지금도 사역하고 있는 하이디 베이커에 이르기까지 엄청난 치유와 기적들을 일으킨 하나님의 사람들이 수없이 많습니다. 또한, 우리 교회의 "사랑하는 사람들" 모임과 아프리카 선교 현장에서도 놀라운 기적들이 계속 일어나고 있습니다.

그런데, 저는 이 중 죽은 자를 살리는 것과 없는 팔 다리나 장기가 생겨나는 창조적인 기적에 특히 주목하라고 말하고 싶습니다. 왜냐하면 마귀나 귀신들도 능력이 있고, 그래서 다른 종교들과 거짓 선지자와 적그리스도도 어느 정도 기적을 일으키기 때문입니다.

출애굽기 7:9-11 "바로가 너희에게 이르기를 너희는 이적을 보이라 하거든 너는 아론에게 말하기를 너의 지팡이를 들어서 바로 앞에 던지라 하라. 그것이 뱀이 되리라. 모세와 아론이 바로에게 가서 여호와께서 명령하신 대로 행하여 아론이 바로와 그의 신하 앞에 지팡이를 던지니 뱀이 된지라. **바로도 현인들과 마술사들을 부르매 그 애굽 요술사들도 그들의 요술로 그와 같이 행하되**"

출애굽기 7:20-22 "모세와 아론이 여호와께서 명령하신 대로 행하여 바로와 그의 신하의 목전에서 지팡이를 들어 나일 강을 치니 그 물이 다 피로 변하고 나일 강의 고기가 죽고 그 물에서는 악취가 나니 애굽 사람들이 나일 강 물을 마시지 못하며 애굽 온 땅에는 피가 있으나 애굽 요술사들도 자기들의 요술로 그와 같이 행하므로 바로의 마음이 완악하여 그들의 말을 듣지 아니하니(이것이 마귀의 목적이다.) 여호와의 말씀과 같더라."

출애굽기 8:6-7 "아론이 애굽 물들 위에 그의 손을 내밀매 개구리가 올라와서 애굽 땅에 덮이니 **요술사들도 자기 요술대로 그와 같이 행하여 개구리가 애굽 땅에 올라오게 하였더라**."

신명기 13:1-3 "너희 중에 선지자나 꿈꾸는 자가 일어나서 **이적과 기사를 네게 보이고 그가 네게 말한 그 이적과 기사가 이루어지고** 너희가 알지 못하던 다른 신들을 우리가 따라 섬기자고 말할지라도 **너는 그 선지자나 꿈꾸는 자의 말을 청종하지 말라**. 이는 너희의 하나님 여호와께서 너희가 마음을 다하고 뜻을 다하여 너희의 하나님 여호와를 사랑하는 여부를 알려 하사 너희를 시험하심이니라."

마가복음 13:22 "거짓 그리스도들과 거짓 선지자들이 일어나서 이적과 기사를 행하여 할 수만 있으면 택하신 자들을 미혹하려 하리라."

또, 앞으로 나타날 적그리스도는 이보다 더 큰 기적을 행할 것입니다.

데살로니가후서 2:9-12 "악한 자의 나타남은 사탄의 활동을 따라 모

든 능력과 표적과 거짓 기적과 불의의 모든 속임으로 멸망하는 자들에게 있으리니 이는 그들이 진리의 사랑을 받지 아니하여 구원함을 받지 못함이라. 이러므로 하나님이 미혹의 역사를 그들에게 보내사 거짓 것을 믿게 하심은 진리를 믿지 않고 불의를 좋아하는 모든 자들로 하여금 심판을 받게 하려 하심이라."

요한계시록 13:11-14 "내가 보매 또 다른 짐승이 땅에서 올라오니 어린 양 같이 두 뿔이 있고 용처럼 말을 하더라. 그가 먼저 나온 짐승의 모든 권세를 그 앞에서 행하고 땅과 땅에 사는 자들을 처음 짐승에게 경배하게 하니 곧 죽게 되었던 상처가 나은 자니라. **큰 이적을 행하되 심지어 사람들 앞에서 불이 하늘로부터 땅에 내려오게 하고 짐승 앞에서 받은 바 이적을 행함으로 땅에 거하는 자들을 미혹하며** 땅에 거하는 자들에게 이르기를 칼에 상하였다가 살아난 짐승을 위하여 우상을 만들라 하더라."

그렇다 해도 사탄과 귀신들은 하나님처럼 전능하지 않습니다. 그래서 어느 정도 이상의 기적은 행할 수 없습니다. 그 증거로, 하나님께서 모세를 통해 열 가지 재앙으로 이스라엘을 출애굽 시킬 때를 생각해 보십시오. 개구리 재앙까지는 애굽의 요술사들이 따라 했습니다. 그러나 세 번째 재앙부터는 그들이 따라 하지 못하고 이렇게 고백했습니다.

출애굽기 8:19 "**요술사가 바로에게 말하되 이는 하나님의 권능이니**

이다 하였으나 바로의 마음이 완악하게 되어 그들의 말을 듣지 아니하였으니 여호와의 말씀과 같더라."

무슨 뜻입니까? 자신들이 기적을 행한 것은 하나님의 권능이 아니라 다른 힘, 즉 귀신의 힘이었다는 것입니다. 그리고 귀신은 하나님처럼 전능하지 않다는 것입니다. 또, 사도행전에도 이와 유사한 사례가 기록되어 있습니다.

사도행전 8:9-11, 13 "그 성에 **시몬**이라 하는 사람이 전부터 있어 **마술**을 행하여 사마리아 백성을 놀라게 하며 자칭 큰 자라 하니 낮은 사람부터 높은 사람까지 다 따르며 이르되 이 사람은 크다 일컫는 하나님의 능력이라 하더라. 오랫동안 그 마술에 놀랐으므로 그들이 따르더니 … 시몬도 믿고 세례를 받은 후에 전심으로 **빌립을 따**라다니며 그 나타나는 표적과 큰 **능력을 보고 놀라니라**."

여기서 시몬이 놀랐다는 것은 압도당했다는 것입니다. 그가 행한 마술과 같은 기적이 아니라 완전히 차원이 다르다는 것입니다. 할렐루야!

이 두 가지가 보여주듯이, 마귀와 귀신들에게도 능력이 있고 기적을 행할 수 있습니다. 그러나 하나님처럼 전능하지 않기 때문에 분명한 한계가 있습니다.

그러면 과연 그 한계가 무엇일까요? 먼저, 마귀나 귀신은 모세가 10가지 재앙 중 세 번째 재앙부터 행한 기적들을 비롯해서 홍해를 가르거나 반석에서 물을 내거나 태양을 멈추게 하거나 오병이어처럼 음식이 불어나게 하는 기적을 행할 수 없습니다. 나아가서, 저는 마귀와 귀신들이 특히 두 가지 기적을 행할 수 없다고 생각합니다. 첫째는 죽은 자를 살리는 기적이고, 둘째는 없는 팔과 다리나 장기가 생겨나게 하는 창조의 기적입니다. 우리는 그 이유를 다음 구절에서 발견할 수 있습니다.

> 로마서 4:17 "기록된 바 내가 너를 많은 민족의 조상으로 세웠다 하심과 같으니 **그가 믿은 바 하나님은 죽은 자를 살리시며 없는 것을 있는 것으로 부르시는 이시니라.**"

이처럼 아브라함이 믿은 하나님, 즉 아브라함의 하나님인 참 하나님은 전능하십니다. 그래서 단순히 병을 고칠 뿐 아니라 죽은 자도 살릴 수 있습니다. 또, 하나님은 말씀으로 천지만물을 창조하신 창조주이십니다. 그래서 창조의 기적을 일으킬 수 있습니다. 그러나 마귀는 전능하지도 않고 창조주가 아닙니다. 그러므로 이 두 가지 기적을 일으킬 수 없습니다. 실제로, 지금까지 이 두 가지 기적은 오직 구약의 유대교와 신약시대의 기독교 안에서만 일어났습니다. 이것이 역사적인 팩트입니다. 할렐루야!

솔직히, 종교라는 것이 대개는 창시자인 교주가 있고, 그가 만든 교리와 의식이 있고, 지키라고 준 계명들이 있을 뿐이지 않나요? 여기에다 기껏해야 애굽의 마술사가 허접한 기적을 일으켰던 것처럼 귀신들을 힘입어 행하는 간헐적인 일반적인 기적이 있을 뿐 아닙니까? 이것이 전부 아닙니까? 그것을 제각각 사실이라고 믿고 살다 죽는 것 아닙니까? 이렇게 허망한 것이 종교입니다. 그러나 유대교와 기독교에는 전능하신 하나님만이 일으킬 수 있는 모두를 압도하는 놀라운 기적들이 있습니다. 특히, 수많은 죽은 자를 살리는 기적과 창조적인 기적들이 일어났고 지금도 일어나고 있습니다. 이것은 하나님께서 아브라함과 이삭과 야곱의 후손을 통해 일으킨 만민을 구원할 수 있는 참 종교가 기독교라는 것을 보여주는 가장 결정적인 증거입니다. 그런데 이런 유대교와 기독교를 어떻게 감히 타종교와 비교할 수 있겠습니까?

여러분, 이것 하나만 보아도, 하나님께서 일으키신 유일한 참 종교가 기독교라는 것이 불을 보듯 환하게 보이지 않나요? 그런데 왜 사람들이 눈이 있으면서도 보지 못하고 머리가 있으면서도 이것을 깨닫지 못하는 것일까요? 도대체 그 이유가 무엇일까요? 그것은 이 세상 신인 마귀가 사람들의 마음을 혼미하게 하였기 때문입니다.

> 고린도후서 4:3-4 "만일 우리의 복음이 가리었으면 망하는 자들에게 가리어진 것이라. 그 중에 이 세상의 신이 믿지 아니하는 자들의 마음을 혼미하게 하여 그리스도의 영광의 복음의 광채가 비치지 못하게 함이니"

그래서 기독교와 타종교를 비교해보면 무엇이 참 종교인지 단번에 알 수 있는 것을 그렇게들 깨닫지 못하는 것입니다. 또, 그래

1. 아브라함의 하나님

서 사람들이 전도해도 고집스럽게 믿지 않고 우상을 섬기고 살다가 영원히 빠져나올 수 없는 지옥 불에 던져지는 것입니다. 이 얼마나 두렵고 안타까운 일입니까? 그러나 제발 여러분은 이 말씀을 통해 눈을 뜨십시오. 그래서 오직 기독교가 참 종교라는 것을 깨닫고 절대로 그들처럼 반응하지 말고 죄를 회개하고 예수님을 임금과 구주로 믿으시기 바랍니다.

THE GOD OF ISAAC

제 2 장

"이삭의 하나님"

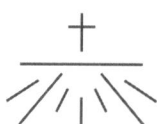

참 하나님은 아브라함의 하나님일 뿐 아니라 이삭의 하나님이십니다. 성경은 유일하신 참 하나님이 이삭의 하나님이라고 말씀합니다.

> 창세기 28:13 "또 본즉 여호와께서 그 위에 서서 이르시되 나는 여호와니 너의 조부 아브라함의 하나님이요 **이삭의 하나님**이라."

> 창세기 32:9 "야곱이 또 이르되 내 조부 아브라함의 하나님, 내 아버지 **이삭의 하나님** 여호와여 주께서 전에 내게 명하시기를 네 고향, 네 족속에게로 돌아가라 내가 네게 은혜를 베풀리라 하셨나이다."

그러면 그 이유가 무엇일까요?

하나님은 아브라함을 믿음의 조상으로 택해서 인류를 구원할 수 있는 유일한 참 종교를 일으키려고 하셨습니다. 그러나 당장에 아브라함을 통해 그리스도께서 태어나는 것도 아니고, 당대에 그 종교가 완성되는 것이 아닙니다.

마태복음 1:1 "**아브라함과 다윗의 자손 예수 그리스도의 계보라.**"

이 구절이 보여주듯이 아브라함의 후손을 통해 그리스도께서 태어나시고 유일한 참 종교가 완성됩니다.

그런데, 아브라함의 아들이 한 명이 아니고 여럿입니다. 그중에 구체적으로 누구를 통해 이 일이 이루어질까요? 바로 이삭입니다. 이것이 중요한 이유는 이슬람교 때문입니다. 유대교와 기독교 그리고 이슬람교가 여기서 완전히 갈라집니다. 왜냐하면 이삭은 이스라엘의 조상이고 이스마엘은 아랍인들의 조상이기 때문입니다.

성경에서 이스마엘에 대한 평가는 매우 부정적입니다.

창세기 16:11-12 "**여호와의 사자가 또 그에게 이르되 네가 임신하였은즉 아들을 낳으리니 그 이름을 이스마엘이라 하라. 이는 여호와께서 네 고통을 들으셨음이니라. 그가 사람 중에 들나귀 같이 되리니 그의 손이 모든 사람을 치겠고 모든 사람의 손이 그를 칠지며 그가 모든 형제와 대항해서 살리라 하니라.**"

창세기 21:9 "**사라가 본즉 아브라함의 아들 애굽 여인 하갈의 아들이 이삭을 놀리는지라.**"

갈라디아서 4:22-26, 29-30 "기록된 바 **아브라함에게 두 아들이 있으니 하나는 여종에게서, 하나는 자유 있는 여자에게서 났다** 하였으며 여종에게서는 육체를 따라 났고 자유 있는 여자에게서는 약속으로 말미암았느니라. 이것은 비유니 이 여자들은 두 언약이라 하나는 시내 산으로부터 종을 낳은 자니 곧 하갈이라. 이 하갈은 아라비아에 있는 시내 산으로서 지금 있는 예루살렘과 같은 곳이니 그가 그 자녀들과 더불어 종 노릇 하고 오직 위에 있는 예루살렘은 자유자니 곧 우리 어머니라. … 그러나 그 때에 육체를 따라 난 자가 성령을 따라 난 자를 박해한 것 같이 이제도 그러하도다. 그러나 성경이 무엇을 말하느냐? 여종과 그 아들을 내쫓으라. 여종의 아들이 자유 있는 여자의 아들과 더불어 유업을 얻지 못하리라 하였느니라."

셋 다 부정적인 내용이지요! 그러나 꾸란은 이와 다릅니다. 꾸란은 이스마엘을 이스마일이라는 아랍어 발음으로 12번 언급하는데, 성경과 반대로 굉장히 긍정적입니다.[18]

먼저, 이스마엘의 출생에 대해 알라가 아브라함에게 "인내하며 순종할 아이"(꾸란 37:101)를 주셨다고 합니다. 이슬람교 해석에 의하면, 그가 이스마엘입니다.[19]

또, 꾸란 19장은 이스마엘이 알라를 예배하고 경건과 자선을 베

---

18 최영길 『꾸란과 성서의 예언자들』 파주: 살림, 2009. p. 103.
19 릭 리히터 『꾸란과 성경 무엇이 어떻게 다른가』 최원진 옮김. 서울: CLC, 2023. p. 37.

풀었기 때문에 알라의 인정을 받았다고 기록합니다.

또, 어이없게도 꾸란은 아브라함이 희생 제물로 드리려고 한 아들이 이삭이 아니라 이스마엘이라고 주장합니다. 물론 꾸란 37장 102절에 이스마엘이라는 이름이 나오지는 않습니다. 다만 "그의 아들이 걸을 수 있는 나이가 되었을 때"라고 했습니다. 그러나 이 장의 112절에 이삭을 언급함으로써 그가 이스마엘이었음을 암시합니다. 그래서 무슬림들은 희생 제물로 드리려 한 아들이 이스마엘이라고 믿고 있습니다. 무슬림들은 매년 성지순례에서 이것을 기념합니다. 이때 순례자들이 돌기둥에 돌멩이를 던지는데, 이것은 아브라함과 이스마엘이 사탄의 유혹을 물리치고 희생 제사를 드린 것을 상징한다고 합니다.[20]

또, 꾸란은 이스마엘에게 엄청난 지위를 부여합니다. 꾸란은 4장 163절에서 이스마엘을 노아, 아브라함, 선지자들, 이삭, 야곱, 예수님, 욥, 요나, 아론, 솔로몬, 다윗과 함께 가장 높은 지위를 부여합니다.

> "내가 그대에게 계시하였거늘 이는 노아나 그 이후의 예언자들에게 계시한 것과 같으며, 아브라함과 이스마엘과 이삭과 야곱과 그의 후손들과 예수와 욥과 요나와 아론과 솔로몬에게 계시한 것과 같으며, 다윗에게 시편을 내린 것과도 같으니라."

20　릭 리히터 『꾸란과 성경 무엇이 어떻게 다른가』 최원진 옮김. 서울: CLC, 2023. p. 45.

실제로, 꾸란 19장 54-55절은 이스마엘을 "약속을 지키는 충실한 자로 (알라의) 예언자이며 사도"라고 소개했습니다.

"성서에 언급된 대로 **이스마엘**의 이야기를 들려주어라. **그는 약속을 지키는 충실한 자로 예언자이며 사도였노라.**"

또한, 꾸란은 아브라함이 이스마엘과 함께 메카 신전의 기초를 놓으면서 하나님께 그들의 후손 가운데 한 명을 택하여 선지자로 보내달라고 기도했다고 주장합니다.

"**주여 당신의 말씀을 전하고 성서와 지혜를 가르쳐 그들을 당신께로 인도할 선지자를 보내주옵소서.** 그리고 그들을 청결케 하여 주옵소서."(꾸란 2:129)

그러면서 무함마드가 이 기도의 응답이라고 주장합니다. 이는 무함마드를 아브라함과 선지자들의 뒤를 잇는 최후의 선지자로 내세우기 위한 것입니다. 이것들을 근거로 무슬림들은 알라가 아브라함이 믿었던 하나님이고 이슬람교가 유일한 참 종교라고 주장하고 있습니다.

여러분, 과연 이것이 사실일까요? 정말로 알라가 아브라함이 믿었던 성경의 하나님이고, 무함마드가 아브라함과 선지자들의 뒤를 잇는 참 선지자이고, 이스마엘의 후손을 통해 일어난 이슬람교가 유일한 참 종교일까요? 그렇지 않습니다. 이것은 새빨간 거짓말입니다!

하지만, 안타깝게도 현재 수많은 사람들이 이런 거짓말에 속고 있고 그 수가 급증하고 있습니다. 또, 이슬람교는 수많은 테러와 인권 유린의 온상이 되고, 기독교에 대한 큰 위협이 되고 있습니다. 보통 심각한 상황이 아닙니다. 그래서 저는 이슬람교가 하나님이 세운 참 종교가 아니라는 것을 완벽하게 증명을 하고자 합니다. 그러므로 잘 들으셔서 절대로 이슬람교의 거짓 선전에 속지 말고, 주위의 무슬림들을 사랑으로 깨우칠 수 있는 여러분 되시기 바랍니다.

(1) 이스마엘은 하나님이 인정하시는 아브라함의 씨가 아니다!

창세기에 보면, 하나님께서 아브라함을 선택한 목적이 "땅의 모든 족속이 너로 말미암아 복을 얻을 것이라"라고 기록되어 있습니다(창 12:3). 뜻은 이미 설명했으므로 설명하지 않겠습니다.

또, 하나님은 아브라함이 이삭을 제물로 드리라는 명령에 순종한 직후 그에게 다시 이렇게 말씀하셨습니다.

> 창세기 22:18 "또 **네 씨로 말미암아 천하 만민이 복을 받으리니** 이는 네가 나의 말을 준행하였음이니라 하셨다 하니라."

누구를 통해 천하 만민이 복을 받는다고요? 즉, 누구를 통해서 참 종교가 일어난다고요? 아브라함뿐 아니라 그 씨를 통해서입니다.

여기서 그 씨가 누구일까요? 즉, 누구의 후손을 통해 천하 만민이 구원의 복을 받는 참 종교가 일어날까요? 하나님께서 아브라함에게 "네 씨"라고 하셨으므로, 아브라함의 아들들 중 한 명의 후손입니다. 또, 그가 누구냐, 즉 누구의 후손이냐에 따라 어느 종교가 하나님이 세운 참 종교인지가 결정됩니다. 그런데 그는 이스마엘이 아니라 이삭의 후손입니다! 그것이 성경에 분명히 기록되어 있습니다.

> 창세기 21:12 "**하나님이 아브라함에게 이르시되** 네 아이나 네 여종으로 말미암아 근심하지 말고 사라가 네게 이른 말을 다 들으라. **이삭에게서 나는 자라야 네 씨라 부를 것임이니라.**"

> 로마서 9:7 "또한 **아브라함의 씨가 다 그의 자녀가 아니라 오직 이삭으로부터 난 자라야 네 씨라 불리리라 하셨으니**"

그러므로 무슬림들이 아무리 우겨도 이슬람교는 결코 하나님이 일으킨 참 종교일 수가 없습니다.

(2) 하나님의 약속을 이스마엘이 아니라 이삭이 계승했다!

하나님은 하란에 살고 있던 아브라함을 부르시면서 "땅의 모든 족속이 너로 말미암아 복을 얻을 것이라"라고 약속하셨습니다(창

12:3). 이것은 그를 통해서 만민을 구원할 수 있는 참 종교를 일으키시겠다는 엄청난 약속입니다.

그런데, 이 약속을 누가 계승했습니까? 이스마엘입니까? 아닙니다. 이삭입니다! 그것이 성경에 분명히 기록되어 있습니다.

창세기 26:1-4 "아브라함 때에 첫 흉년이 들었더니 그 땅에 또 흉년이 들매 **이삭**이 그랄로 가서 블레셋 왕 아비멜렉에게 이르렀더니 여호와께서 **이삭**에게 나타나 이르시되 애굽으로 내려가지 말고 내가 네게 지시하는 땅에 거주하라. 이 땅에 거류하면 내가 너와 함께 있어 네게 복을 주고 내가 이 모든 땅을 너와 네 자손에게 주리라. 내가 네 아버지 아브라함에게 맹세한 것을 이루어 네 자손을 하늘의 별과 같이 번성하게 하며 이 모든 땅을 네 자손에게 주리니 **네 자손으로 말미암아 천하 만민이 복을 받으리라.**"

그러므로 참 종교는 이스마엘이 아니라 이삭의 후손을 통해 일어나게 됩니다. 그런데 무함마드는 이삭의 후손이 아니라 이스마엘의 후손입니다! 그러므로 이슬람교는 결코 하나님이 일으키신 참 종교가 아닙니다.

(3) 성경은 이스마엘이 아니라 이삭의 후손들의 역사다!

성경은 우리에게 참 종교와 거짓 종교를 분별할 수 있는 시금석이 되어줍니다. 왜냐하면 하나님께서 아브라함의 아들들 중 선택한 아들의 후손에게 하나님 노릇을 해준 것을 기록한 것이 성경이기 때문입니다. 그 결과 하나님께서 누구의 후손을 통해 인류 구원을 위해 참 종교를 일으키셨고, 그 종교가 무엇인지를 밝히 보여주는 책이기 때문입니다.

먼저, 하나님께서 아브라함의 아들들 중 이스마엘을 택하셨다면, 창세기가 그의 일대기여야 합니다. 그러나 창세기는 이스마엘이 아니라 아브라함에 이어 이삭과 그의 아들 야곱과 그의 아들 요셉의 생애를 자세히 기록한 책입니다. 이것은 하나님이 택하시고 관심을 가진 사람이 이스마엘이 아니라 이삭이라는 것을 보여주는 명백한 증거입니다.

또, 만약 하나님이 이스마엘과 그의 후손들을 택하셨다면, 성경이 그의 후손들의 역사여야 합니다. 그러나 성경은 그들이 아니라 이삭의 후손인 이스라엘의 역사입니다!

그 증거로, 구약성경을 읽어보십시오. 모세오경도 창세기에서 아브라함과 이삭과 야곱과 요셉의 생애를 그린 것이고, 출애굽기에서 신명기도 모두 이삭의 후손 유대인들에 대한 것입니다. 사사기부터 에스더도 이스라엘의 역사입니다. 시편에서 아가서도 유대인들의 예배와 교훈을 위해 다윗과 솔로몬 등 유대인들이 쓴 것이고, 이사야에서 말라기까지는 유대인 선지자들이 남 유다와 북 이스라엘을 중심으로 한 주변국들과 특히 예수 그리스도에 대해 예언한 것입니다.

또, 신약성경도 복음서인 마태복음에서 요한복음까지 유대인인 예수님의 생애를 기록한 것이고, 사도행전은 유대인인 12사도와 바울과 바나바의 사역을 기록한 것입니다. 나머지 로마서에서 요한계시록도 저자가 모두 유대인이고 이스라엘과 영적 이스라엘인 교회에 대한 내용들입니다.

어떻습니까? 하나님께서 이스마엘과 그의 후손들이 아니라 이삭과 그의 후손들을 택하셨다는 것이 너무도 자명하지 않나요? 때문에 우리는 자연스럽게 또 필연적으로 이렇게 결론 내릴 수 있습니다.

하나님은 이스마엘의 하나님이 아니라 이스라엘의 하나님이시다!

그러므로 이슬람교는 절대로 하나님께서 인류를 구원하기 위해 만든 참 종교가 아닙니다.

(4) 이슬람교가 고안해 낸 성경 변질론은 새빨간 거짓말이다!

지금까지 저는 이슬람교가 하나님이 세운 참 종교가 아니라는 것을 세 가지로 증명했습니다.

(1) 이스마엘은 하나님이 인정하시는 아브라함의 씨가 아니다!
(2) 하나님의 약속을 이스마엘이 아니라 이삭이 계승했다!
(3) 성경은 이스마엘이 아니라 이삭의 후손들의 역사다!

그런데 셋 다 성경에 근거한 것들입니다. 그러나 무슬림들은 '타흐리프 교리'라는 성경 변질론을 신봉합니다. 그것으로 자기 종교를 방어하려고 들 것이 뻔합니다. 그러므로 여기서 성경 변질론을 다루지 않을 수가 없습니다.

그럼 성경 변질론은 무엇일까요? 이것은 유대교나 기독교가 성경 단어에 부정확한 의미를 부여하거나 단어들을 변경해서 위조했다는 주장입니다. 이것은 이슬람교의 기독교에 대한 모든 이론의 핵심입니다. 이 교리 때문에 무슬림들은 "성경은 변질되어 더 이상 하나님의 말씀이 아니다"라는 견고한 사고의 틀을 가지고 있습니다. 이것을 깨트리지 못하면 무슬림에게 무슨 말을 해도 전혀 통하지 않습니다.[21] 그러므로 여러분에게 성경 변질론이 사실이 아니라는 것을 확실히 증명해 드리고자 합니다.

사실, 성경 변질론은 이슬람교 합리화를 위한 고육책일 뿐입니다! 무함마드는 이슬람교 태동기에 유대인들을 선대했습니다. 또, 구약성경과 신약성경을 하나님의 계시로 기록된 '거룩한 하나님의 책들'이라고 인정했습니다. 그는 성경에 대해 이렇게 말했습니다.

"성서의 백성들이여 너희들은 왜 **하나님의 말씀**을 부정하느뇨? 너희는 **그것이 진리임**을 알지 않느뇨?"(꾸란 3:70)

"그들이 판결을 구하러 그대에게 오겠느뇨? 그들이 갖고 있는 **구약에**

---

21 김대옥 『이슬람의 성경 변질론』 서울: CLC, 2013. p. 14.

하나님의 규범이 들어 있지 않느뇨? 그런 후에도 그들은 돌아서니 그들은 믿는 자들이 아니라. 내가 **복음과 광명이 담겨져 있는 구약**을 보내매 이슬람을 믿는 예언자들은 그것으로 유대인들을 판결하였으며 법학자들과 유대학자들도 그렇게 하였노라."(꾸란 5:43-44)

"나는 마리아의 아들 예수로 하여금 그 이전에 계시된 구약의 내용을 추인하면서 그들의 발자취를 따르도록 하였노라. 그분은 그것 이전에 계시된 구약을 추인하고 하나님을 경외하는 자를 위해 **복음과 광명이 담겨진 성서를 내리셨노라. 이것은 복음이요 정의에 사는 자들을 위한 교훈이라.** 그리고 신약의 사람들에게도 **하나님이 계시한 것으로 판결하라** 했으니 하나님이 계시한 대로 판결치 아니한 자 그들은 곧 죄인들이라."(꾸란 5:46-47)

"그들이 **구약과 신약**과 그리고 주님께서 계시한 것을 준수했다면 그들은 그 이상의 **참된 진리**를 맛보았을 것이라."(꾸란 5:66)

또, 무함마드는 유대교의 종교 전통을 존경했고 유대인들을 '그 책의 사람들'(성서의 백성들)이라고 불렀습니다. 그랬던 그가 유대인들이 자기를 선지자로 인정하지 않자, 하루아침에 유대인들과 성경에 대한 그의 태도가 돌변했습니다.[22] 그러므로 성경 변질론은 성경의 변질에 기인한 것이 아니라 다분히 상황적인 것이라

---

22 김대옥 『이슬람의 성경 변질론』 서울: CLC, 2013. p. 80.

는 것을 먼저 기억해야 합니다.

특히, 성경 변질론은 "무함마드의 도래가 성경에 이미 예언되었다"는 꾸란의 주장이 성경에 없다는 사실에서 비롯되었습니다. 꾸란은 예수님이 '아흐마드'라고 불리는 선지자의 도래를 예언했다고 주장합니다(꾸란 61:6). '아흐마드'는 '무함마드'와 동일한 아랍어 어원에서 나온 이름으로 '찬양 받는 자'라는 뜻입니다. 무슬림들은 이 아흐마드가 무함마드의 다른 이름이라고 생각합니다. 그러나 성경 어디에서도 무함마드가 도래할 것이라는 예언을 발견할 수가 없습니다.

무슬림들은 이전 계시인 성경과 꾸란의 연속성을 인정합니다. 때문에 수많은 인물과 사건에 대한 성경과 꾸란의 기록이 서로 다르고, 특히 성경에 예언되었다는 '무함마드의 도래'에 대한 예언이 성경에 없다는 것은 그들에게 치명적입니다. 꾸란이 신의 계시가 아니라 거짓이라는 증거이기 때문입니다. 그러나 이런 불일치에 대한 해명이 도무지 불가능했습니다. 그래서 궁지에 몰린 그들은 성경에 꾸란이 말한 무함마드를 선지자로 인정하는 예언이 없다면, 당연히 성경이 왜곡되었거나, 잘못 해석되었거나, 오염된 것이 분명하다고 추측했습니다. 그리고 만들어낸 것이 '성경 변질론'입니다.[23] 참으로 기가 막히고 어이가 없는 일이지요!

그런데, 우리는 성경 변질론이 거짓이라는 것을 반드시 증명해

---

23 쇼켓 모우캐리 『기독교와 이슬람의 대화』 한국이슬람연구소 옮김. 서울: 예영커뮤니케이션, 2003. p. 57.

야 합니다. 왜냐하면 성경 변질론이 거짓이면 이슬람교가 가짜가 되고, 성경 변질론이 진짜면 기독교가 가짜가 되기 때문입니다. 그런데, 감사하게도 성경이 변질되지 않았다는 것을 보여주는 누구도 부인할 수 없는 객관적이고 결정적인 증거가 있습니다. 바로 "성경의 사본"입니다. 정말로 객관적이고 결정적인 증거지요!

현재, 신약성경의 사본들 중 원어인 헬라어로 기록된 것은 약 5,300개, 라틴 번역본(벌게이트)은 약 10,000개, 그 외 다른 언어 번역판은 약 9,300개가 존재합니다. 원어와 번역본을 합하면 총 24,000여 개의 사본들이 존재합니다.[24] 무엇이 진실인지 확인하기에 충분한 양입니다.

그러나 과거에는 성경이 변질되지 않았다는 것을 증명하기 위해 사본들을 검토하려고 해도 전 세계에 흩어져 있어서 불가능했습니다. 그러다가 오늘날은 과학의 발전으로 여러 학자들이 저마다 발견한 것들을 서로 쉽게 나누며 비교할 수 있어서 검토가 가능해졌습니다. 그런데 지금까지 확보된 수많은 사본들은 성경이 변개되기는커녕 놀랄 정도로 온전하게 전승되었다는 것을 우리 모두에게 보여줍니다.

또, 오늘날 학자들은 자신의 종교적 신념과 관계없이, 또 그 내용이 주장하는 바에 대한 신앙 여부를 떠나서, 성경이 거의 예외적으로 정확하게 계승되어 왔다는 데 모두 동의합니다. 학자들은

---

24 장두만 『성경의 무오성과 권위』 서울: 요단출판사, 1993. pp. 137-169 참조.
    신약성경의 사본에 관해서는 B. E. 메쯔거 『사본학』 강유중 옮김. 서울: CLC, 1987. pp. 52-116 참조.

이구동성으로 성경의 완전성에 의문을 제기할 만한 본문의 변질이 없었다고 말합니다. 이것은 성경이 처음 계시되어 기록되었던 형태를 그대로 보존하고 있다는 결정적인 증거입니다. 그러므로 무슬림들이 주장하는 성경 변질은 전혀 사실이 아닙니다.

이 위에, 하나 더 말씀드리고 싶은 것은 구약과 신약성경의 많은 사본들이 이슬람교 탄생 이전의 것들이라는 것입니다. 런던 대영박물관에 소장되어 있는 시내산 사본과 바티칸도서관에 있는 바티칸 사본은 4세기 것들이고, 알렉산드리아 사본은 5세기 것입니다.[25] 또, 이와 달리 어떤 사본들은 이슬람교 탄생 이후의 것들입니다. 때문에 이슬람교 탄생 이전의 사본들과 이후의 사본들을 비교해 보면, 정말로 유대인과 그리스도인들이 무함마드의 도래에 대한 성경 구절을 변개시켰는지 그러지 않았는지 팩트를 확인할 수 있습니다. 그런데, 어떤 사본학자도 그런 변개를 발견하지 못했습니다.[26] 그러므로 성경 변질론은 이슬람교가 날조한 새빨간 거짓말이고 전혀 사실무근입니다.

이상의 설명을 통해 드러난 것처럼, 이슬람교는 성경 변질론이라는 거짓 교리 위에 세워진 가련한 종교입니다. 그런데 저는 성경이 변질되지 않았다는 것을 객관적인 증거인 사본을 통해 충분히 증명했습니다. 이는 앞에서 제가 성경을 통해 이슬람교가 하나님이 세운 참 종교가 아니라는 것을 세 가지로 증명한 것이 모두

25　쇼켓 모우캐리 『기독교와 이슬람의 대화』 한국이슬람연구소 옮김. 서울: 예영커뮤니케이션, 2003. p. 95.
26　김대옥 『이슬람의 성경 변질론』 서울: CLC, 2013. pp. 243-245.

유효함을 뜻합니다. 또, 이슬람교가 가짜라는 것을 뜻하고, 성경이 말하고 있는 대로 구약시대에는 유대교, 신약시대에는 기독교가 하나님이 일으킨 유일한 참 종교라는 것을 뜻합니다. 이것이 팩트입니다! 그러므로 이 사실을 깨끗하게 인정하고 받아들이는 여러분 되시기 바랍니다.

(5) 선지자들이 이스마엘과 이삭 중 누구의 후손에서 일어났는가?

지금 우리의 관심사는, 하나님께서 아브라함의 아들인 이스마엘과 이삭 중 누구를 택하였느냐? 하는 것입니다. 답을 아는 것은 매우 쉽습니다. 성경에 나오는 선지자들이 이스마엘과 이삭 중 누구의 후손인가를 살펴보면 바로 답이 나오기 때문입니다.

구약성경에 보면 수많은 선지자들이 나옵니다. 그들 중 이스마엘의 후손이 단 한 명이라도 있습니까? 없습니다. 모두 이삭의 후손입니다. 이것 하나만 보아도 어느 종교가 참이고 거짓인지 확실히 알 수 있습니다.

만약 이슬람교의 주장처럼 하나님께서 이스마엘을 택하셨다면, 그의 후손들 중에서 선지자들이 일어났어야 합니다. 그러나 모두 이삭의 후손입니다. 이것이 부인할 수 없는 팩트입니다. 그러므로 이슬람교는 결코 하나님이 세운 참 종교가 아닙니다.

다시 말하지만, 성경에 보면 거짓 선지자였던 발람 외에 모든 선지자가 이삭의 후손입니다. 이스마엘의 후손에서 참 선지자가 일어난 적이 없습니다. 그런데 이런 분명하고 거대한 흐름을 개무시하고, 이슬람교는 갑자기 이스마엘의 후손인 무함마드가 선지자요 그것도 최고의 선지자라고 주장합니다. 기가 막히는 일 아닙니까?

물론 이것은 사실이 아닙니다. 또, 무함마드가 그런 선지자가 아니라면 자연히 이슬람교 역시 참 종교가 아닐 수밖에 없습니다. 그래서 저는 무함마드가 그런 선지자가 아니라는 것을 확실히 증명해 드리고자 합니다.

1) 신약시대에는 성령이 오직 기독교인들에게 임한다!

구약시대에는 아브라함 이후 참 선지자가 유대인들 속에서 일어났습니다. 그러나 예수님이 오시고 복음이 전파된 후로는 유대인뿐 아니라 어느 민족에서나 선지자가 일어날 수 있습니다.

> 에베소서 4:11 "그가 어떤 사람은 사도로, 어떤 사람은 선지자로, 어떤 사람은 복음 전하는 자로, 어떤 사람은 목사와 교사로 삼으셨으니"

이 구절은 유대인과 이방인으로 구성된 교회에 대한 것입니다. 그러므로 사도나 선지자가 어느 민족에서나 일어날 수 있다는 뜻입니다.

이처럼 신약시대에는 선지자가 어느 민족에서나 일어날 수 있습니다. 그러나 영적인 이스라엘 중에서만 일어납니다. 즉, 기독교인들 중에서만 일어납니다.

고린도전서 12:28 "**하나님이 교회 중에 몇을 세우셨으니** 첫째는 사도요 **둘째는 선지자요** 셋째는 교사요 그 다음은 능력을 행하는 자요 그 다음은 병 고치는 은사와 서로 돕는 것과 다스리는 것과 각종 방언을 말하는 것이라."

여기서 "교회 중에"는 믿는 자들 중에라는 뜻입니다. 그러니 기독교인들 중에서만 선지자가 일어나는 것이 정말로 맞지요!
그럼 왜 신자들 중에서만 선지자가 일어날까요?
그것은 선지자는 배워서 할 수 있는 것이 아니기 때문입니다. 성령님이 임하셔야 선지자가 될 수 있습니다.

민수기 11:29 "모세가 그에게 이르되 네가 나를 두고 시기하느냐? 여호와께서 그의 영을 그의 모든 백성에게 주사 다 선지자가 되게 하시기를 원하노라."

사무엘상 19:23-24 "사울이 라마 나욧으로 가니라. **하나님의 영이 그에게도 임하시니** 그가 라마 나욧에 이르기까지 걸어가며 예언을 하였으며 그가 또 그의 옷을 벗고 사무엘 앞에서 예언을 하며 하루 밤낮을 벗은 몸으로 누웠더라. 그러므로 속담에 이르기를 사울도 선지자 중에 있느냐 하니라."

그런데 신약시대에는 오직 예수님을 믿는 자들에게만 성령님이 임하십니다.

요한복음 7:37-39 "명절 끝날 곧 큰 날에 예수께서 서서 외쳐 이르시되 누구든지 목마르거든 내게로 와서 마시라. **나를 믿는 자는 성경에 이름과 같이 그 배에서 생수의 강이 흘러나오리라** 하시니 **이는 그를 믿는 자들이 받을 성령을 가리켜 말씀하신 것이라.**"

사도행전 2:38 "베드로가 이르되 **너희가 회개하여 각각 예수 그리스도의 이름으로 세례를 받고 죄 사함을 받으라. 그리하면 성령의 선물을 받으리니**"

갈라디아서 3:2 "내가 너희에게서 다만 이것을 알려 하노니 **니희가 성령을 받은 것이 율법의 행위로냐? 혹은 듣고 믿음으로냐?**"

갈라디아서 3:14 "**이는 그리스도 예수 안에서 아브라함의 복이 이방인에게 미치게 하고 또 우리로 하여금 믿음으로 말미암아 성령의 약속을 받게 하려 함이라.**"

이것은 이론이 아니라 현실입니다. 역사를 보면, 실제로 기독교인들에게만 성령이 임하고 성령의 은사들이 나타났습니다. 그 증거로, 모세가 출애굽 때 애굽의 마술사들과 격돌하고 엘리야가 바

알과 아세라의 선지자[27] 850명과 대결한 것처럼, 선교 현장에서 타종교의 기적을 행하는 자와 대결하는 것을 '능력 대결'이라고 합니다. 그런데 그때마다 그들의 배후가 신이 아니라 일개 귀신이라는 것이 드러나서 쫓겨나거나 박살이 났습니다. 이것은 하나의 법칙입니다. 이처럼 그들에게 임한 것은 성령이 아니라 귀신입니다. 그것이 성경에도 분명히 나타나 있습니다.

신명기 32:16-17 "그들이 **다른 신**으로 그의 질투를 일으키며 가증한 것으로 그의 진노를 격발하였도다. 그들은 하나님께 제사하지 아니하고 **귀신들**에게 하였으니 **곧 그들이 알지 못하던 신들, 근래에 들어온 새로운 신들** 너희의 조상들이 두려워하지 아니하던 것들이로다."

시편 106:37-38 "그들이 그들의 자녀를 **악귀들**에게 희생제물로 바쳤도다. 무죄한 피 곧 그들의 자녀의 피를 흘려 가나안의 **우상들**에게 제사하므로 그 땅이 피로 더러워졌도다."

고린도전서 10:20-21 "**무릇 이방인이 제사하는 것은 귀신에게 하는 것이요.** 하나님께 제사하는 것이 아니니 **나는 너희가 귀신과 교제하는 자가 되기를 원하지 아니하노라.** 너희가 주의 잔과 귀신의 잔을 겸하여 마시지 못하고 주의 식탁과 귀신의 식탁에 겸하여 참여하

---

27 선지자라고 불렸을 뿐, 성경에 나오는 선지자와 같은 선지자가 아니다.

지 못하리라."

성령님과 귀신은 서로 정반대의 역할을 합니다. 이 세상 신인 귀신들은 복음진리를 가리고 마음을 혼미하게 하여 예수님을 믿지 못하게 방해합니다.

고린도후서 4:3-4 "만일 우리의 **복음이 가리었으면 망하는 자들에게** 가리어진 것이라. 그 중에 **이 세상의 신이 믿지 아니하는 자들의 마음을 혼미하게 하여 그리스도의 영광의 복음의 광채가 비치지 못하게 함이니** 그리스도는 하나님의 형상이니라."

귀신은 사람들을 예수님이 아니라 우상에게로 이끕니다.

고린도전서 12:2 "너희도 알거니와 **너희가 이방인으로 있을 때에 말 못하는 우상에게로 끄는 그대로 끌려갔느니라.**"

참고로, 이 구절에 숨겨져 있는 주어가 바로 마귀와 귀신입니다. 그러므로 귀신이 사람들을 지옥으로 끌고 가려고 우상에게로 이끈다는 뜻입니다.

이와 반대로, 성령님은 우리를 천국으로 데려가려고 예수님께로 이끕니다. 다음 성경 구절들이 그 증거입니다.

요한복음 15:26 "내가 아버지께로부터 너희에게 보낼 보혜사 곧 아버

2. 이삭의 하나님

지께로부터 나오시는 진리의 **성령이 오실 때에 그가 나를 증언하실 것이요.**"

사도행전 1:8 "오직 **성령이 너희에게 임하시면 너희가 권능을 받고 예루살렘과 온 유대와 사마리아와 땅 끝까지 이르러 내 증인이 되리라.**"

사도행전 5:30-32 "너희가 나무에 달아 죽인 예수를 우리 조상의 하나님이 살리시고 이스라엘에게 회개함과 죄 사함을 주시려고 그를 오른손으로 높이사 임금과 구주로 삼으셨느니라. **우리는 이 일에 증인이요. 하나님이 자기에게 순종하는 사람들에게 주신 성령도 그러하니라** 하더라."

생각해 보십시오. 만약 타종교인들에게 임한 것이 귀신이 아니라 성령이라면, 그들을 예수님께로 인도했을 것이고 모두 예수님을 믿었을 것입니다. 그러나 전혀 그렇지 않지요! 이것은 그들에게 임한 것이 성령이 아니라 귀신이라는 분명한 증거입니다. 동시에, 오직 기독교인들에게만 성령이 임하고 있다는 확실한 증거이기도 합니다. 그러므로 기독교인들 중에서만 선지자가 일어날 수 있습니다.

그런데, 무함마드가 기독교인입니까? 아니지요! 그러므로 그는 선지자가 아닙니다. 그는 구약시대의 관점에서는 유대교인이 아니기 때문에, 신약시대의 관점에서는 기독교인이 아니기 때문에 절대로 선지자일 수가 없습니다. 자칭 선지자요, 거짓 선지자일 뿐입니다. 이것이 무함마드의 정체입니다!

2) 하나님의 말씀은 영원히 변하지 않는다!

무슬림들이 감추고 싶어 하는 교리가 있는데 무엇인지 아십니까? 꾸란에 취소된 구절과 새로 대체된 구절이 있다는 교리입니다. 즉, 꾸란에 기록되어 있기는 하나 취소되어 효력을 상실한 구절들이 있다는 것입니다. 이것을 '나스크 교리'라고 하는데, 취소교리 혹은 대체교리라는 뜻입니다. 그런데 이런 교리 자체가 무함마드가 참 선지자가 아니라는 증거입니다.

사람은 자라면서 계속 배웁니다. 그래서 견해가 바뀔 수 있습니다. 그러나 하나님은 전지하시기 때문에 더 배울 것이 없습니다. 그래서 말이 바뀔 수 없습니다.

시편 119:89 "여호와여 **주의 말씀은 영원히 하늘에 굳게 섰사오며**"

누가복음 16:17 "**그러나 율법의 한 획이 떨어짐보다 천지가 없어짐이 쉬우리라.**"

마태복음 24:35 "**천지는 없어질지언정 내 말은 없어지지 아니하리라.**"

베드로전서 1:24-25 "풀은 마르고 꽃은 떨어지되 오직 주의 말씀은 세세토록 있도다 하였으니"

하나님의 말씀은 영원합니다. 영원히 변하지 않습니다. 그래서 성경은 성경 말씀에 무엇을 더해도 안 되고 빼도 안 된다고 경고하고 있습니다.

신명기 4:2 "내가 너희에게 명령하는 말을 너희는 **가감하지 말고** 내가 너희에게 내리는 너희 하나님 여호와의 명령을 지키라."

신명기 12:32 "내가 너희에게 명령하는 이 모든 말을 너희는 지켜 행하고 그것에 가감하지 말지니라."

요한계시록 22:18-19 "내가 **이 두루마리의 예언의 말씀**을 듣는 모든 사람에게 증언하노니 만일 누구든지 이것들 외에 더하면 하나님이 이 두루마리에 기록된 재앙들을 그에게 더하실 것이요. 만일 누구든지 이 두루마리의 예언의 말씀에서 제하여 버리면 하나님이 이 두루마리에 기록된 생명나무와 및 거룩한 성에 참여함을 제하여 버리시리라."

그런데, 무함마드가 받은 계시는 이런 하나님의 말씀과 다릅니다. 그래서 그의 말을 들을 때 백성들은 전에 한 말과 상반된 것들을 발견하고 당황했습니다. 급기야, 그들은 "오늘은 이 말을 하고 내일은 그 말을 취소하니 이것이 꾸란이 아니라 무함마드 자신의 말이 아닌가?"라고 합리적인 의심과 불평을 늘어놓았습니다. 그러자 무함마드는 자신에게 꾸란 2장 106절이 계시로 주어졌다고 말했습니다.

> "**어떤 말씀을 망각케 하였거나 취소했다면 보다 나은 혹은 그와 동등한 말씀으로 대체하시나니** 알라는 모든 일에 전지전능하심을 너희는 모르느뇨?"

이것은 무함마드가 받은 계시에 서로 모순이 되는 여러 가지가 있는데, 그럴 때마다 후자에 의해서 전자는 자동으로 취소되고 후자로 계시가 대체된다는 뜻입니다. 여기서 나온 것이 이슬람교의 취소교리입니다. 그러니 정말 말도 안 되는 엉터리 교리지요!

참 선지자가 받은 계시는 절대로 모순이 되거나 시간이 지난다고 하여 바뀌지 않습니다. 그런 것은 사람이 지어낸 말이지 전지한 신의 계시가 아닙니다. 그러므로 무함마드는 결코 참 선지자가 아닙니다.

3) 하나님은 큰 선지자에게는 대면하여 직접 말씀하신다!

성경에 보면, 모세뿐 아니라 미리암도 선지자였습니다.

출애굽기 15:20 "**선지자 미리암**이 손에 소고를 잡으매 모든 여인도 그를 따라 나오며 소고를 잡고 춤추니"

그런데, 하루는 미리암과 아론이 모세를 비방했습니다.

민수기 12:2 "그들이 이르되 **여호와께서 모세와만 말씀하셨느냐? 우리와도 말씀하지 아니하셨느냐?** 하매 여호와께서 이 말을 들으셨더라."

그러자 하나님이 세 사람에게 회막으로 나오라고 하셨습니다. 그 후 강림하사 장막 문에 서시고 아론과 미리암을 부르셨습니다. 그리고 이렇게 말씀하셨습니다.

민수기 12:6-8 "내 말을 들으라! 너희 중에 선지자가 있으면 나 여호와가 환상으로 나를 그에게 알리기도 하고 꿈으로 그와 말하기도 하거니와 내 종 모세와는 그렇지 아니하니 그는 내 온 집에 충성함이라. 그와는 내가 대면하여 명백히 말하고 은밀한 말로 하지 아니하며 그는 또 여호와의 형상을 보거늘 너희가 어찌하여 내 종 모세 비방하기를 두려워하지 아니하느냐?"

이것을 통해, 우리는 선지자가 다 같지 않음을 알 수 있습니다. 계시를 받는 방식에 따라 선지자의 레벨이 다릅니다. 또, 진짜 큰 선지자에게는 하나님이 대면하여 직접 말씀하십니다. 마치 진짜 중요한 사람에게는 대통령이 비서실장을 보내 뜻을 전달하지 않고 독대를 하여 대화하는 것과 마찬가지입니다. 성경에 보면, 실제로 하나님이 그렇게 하셨습니다.

먼저, 하나님은 하나님의 사람 모세에게 그렇게 하셨습니다.

출애굽기 33:11 "사람이 자기의 친구와 이야기함 같이 여호와께서는 모세와 대면하여 말씀하시며"

출애굽기 34:29 "모세가 그 증거의 두 판을 모세의 손에 들고 시내 산에서 내려오니 그 산에서 내려올 때에 **모세는 자기가 여호와와 말하였음으로 말미암아 얼굴 피부에 광채가 나나 깨닫지 못하였더라.**"

신명기 34:10 "그 후에는 이스라엘에 모세와 같은 선지자가 일어나지 못하였나니 모세는 여호와께서 대면하여 아시던 자요."

마지막 구절에 "그 후에는 이스라엘에 모세와 같은 선지자가 일어나지 못하였나니"라고 기록되어 있는 대로, 모세는 최고의 선지자입니다. 엘리야나 엘리사도 모세만은 못합니다. 아마도 엘리야의 심령과 능력으로 온 세례 요한도 마찬가지일 것입니다. 참으로 엄청난 선지자지요! 그래서 하나님은 모세와 대면하여 직접 말씀하셨습니다.

또한, 모세와 대면하여 말씀하신 하나님은 예수님에게도 그렇게 하셨습니다.

신명기 34:10 "그 후에는 이스라엘에 모세와 같은 선지자가 일어나지 못하였나니 모세는 여호와께서 대면하여 아시던 자요."

이 구절에 기록되어 있는 대로, 모세 이후에는 모세 같은 선지자가 일어나지 않았습니다. 그러나 이것은 선지자들에게만 해당되고 예수님께는 해당이 되지 않습니다. 그 증거로, 베드로는 예수님에 대해 이렇게 말했습니다.

> 사도행전 3:22-23 "모세가 말하되 주 **하나님이 너희를 위하여 너희 형제 가운데서 나 같은 선지자 하나를 세울 것이니** 너희가 무엇이든지 그의 모든 말을 들을 것이라. 누구든지 그 선지자의 말을 듣지 아니하는 자는 백성 중에서 멸망 받으리라."

그래서 두 구절이 모순처럼 보이지만, 모순이 아닙니다. 왜냐하면 예수님은 선지자이시기도 하지만, 그것을 넘어 그리스도요 하나님의 아들이시기 때문입니다. 이것이 예수님께서 "더러는 세례 요한, 더러는 엘리야, 어떤 이는 예레미야나 선지자 중의 하나라"(마 16:14)고 하는 사람들의 평판에 만족하지 않으신 이유입니다. 또, 그래서 성경에 이렇게 기록되어 있는 것입니다.

> 히브리서 3:1-6 "그러므로 함께 하늘의 부르심을 받은 거룩한 형제들아, **우리가 믿는 도리의 사도이시며 대제사장이신 예수를** 깊이 생각하라. 그는 자기를 세우신 이에게 신실하시기를 모세가 하나님의 온 집에서 한 것과 같이 하셨으니 **그는 모세보다 더욱 영광을 받을**

만한 것이 마치 집 지은 자가 그 집보다 더욱 존귀함 같으니라. 집마다 지은 이가 있으니 만물을 지으신 이는 하나님이시라. 또한 모세는 장래에 말할 것을 증언하기 위하여 하나님의 온 집에서 종으로서 신실하였고 그리스도는 하나님의 집을 맡은 아들로서 그와 같이 하셨으니 우리가 소망의 확신과 자랑을 끝까지 굳게 잡고 있으면 우리는 그의 집이라."

그러므로 최고의 선지자는 모세가 아니라 그리스도요 하나님의 아들이신 예수님입니다. 또, 예수님이야말로 최고의 사도요 최고의 선지자요 최고의 복음 전하는 자요 최고의 목사요 최고의 교사이십니다. 하나님은 이런 예수님과 직접 대면하셨고 직접 말씀하셨습니다.

요한복음 6:45-46 "선지자의 글에 그들이 다 하나님의 가르치심을 받으리라 기록되었은즉 아버지께 듣고 배운 사람마다 내게로 오느니라. 이는 아버지를 본 자가 있다는 것이 아니니라. **오직 하나님에게서 온 자(=예수님)만 아버지를 보았느니라.**"

또, 같은 성경에 보면 이런 구절들이 있습니다.

요한복음 8:28 "이에 예수께서 이르시되 너희가 인자를 든 후에 내가 그인 줄을 알고 또 **내가 스스로 아무 것도 하지 아니하고 오직 아버지께서 가르치신 대로 이런 것을 말하는 줄도 알리라.**"

요한복음 8:38 "나는 내 아버지에게서 본 것을 말하고"

요한복음 8:40 "지금 **하나님께 들은 진리를 너희에게 말한 사람**인 나를 죽이려 하는도다."

요한복음 12:49 "내가 내 자의로 말한 것이 아니요 나를 보내신 아버지께서 내가 말할 것과 이를 것을 친히 명령하여 주셨으니"

요한복음 17:8 "**나는** 아버지께서 내게 주신 말씀들을 그들에게 주었**사오며** 그들은 이것을 받고 내가 아버지께로부터 나온 줄을 참으로 아오며 아버지께서 나를 보내신 줄도 믿었사옵나이다."

이처럼 하나님은 예수님과 직접 대면하고 직접 말씀하셨습니다. 이와 같이 하나님은 가장 큰 선지자와 직접 대면하고 직접 말씀하십니다.

그런데, 가장 큰 선지자요 마지막 선지자라는 무함마드는 어떠합니까?

이슬람교는 꾸란이 알라가 무함마드에게 가브리엘을 통해 23년 동안(610-632) 계시해준 내용이라고 믿고 있습니다.[28] 그러니 꾸란은 알라가 무함마드와 직접 대면하여 말해준 것이 아닙니다. 이것 자체가 그가 가장 큰 선지자가 아니라는 명백한 증거입니다.

---

28 유해석 『기독교와 이슬람 무엇이 다른가』 서울: 생명의말씀사, 2019. p. 141.

왜냐하면 하나님은 가장 큰 선지자와는 직접 대면하고 직접 말씀하셨기 때문입니다.

성경에 보면, 가브리엘이 사람에게 다섯 번 나타난 것이 기록되어 있습니다. 먼저, 선지자 다니엘에게 두 번 나타났습니다.

> 다니엘 8:16 "내가 들은즉 을래 강 두 언덕 사이에서 사람의 목소리가 있어 외쳐 이르되 **가브리엘**아 이 환상을 이 사람에게 깨닫게 하라 하더니"

> 다니엘 9:21 "곧 내가 기도할 때에 이전에 환상 중에 본 그 사람 **가브리엘**이 빨리 날아서 저녁 제사를 드릴 때 즈음에 내게 이르더니"

그러나 다니엘은 훌륭한 선지자이나 모세보다 큰 선지자가 아닙니다(신 34:10).

다음으로, 가브리엘은 세례 요한의 아버지에게 나타났습니다.

> 누가복음 1:18-19 "**사가랴**가 천사에게 이르되 내가 이것을 어떻게 알리요. 내가 늙고 아내도 나이가 많으니이다. 천사가 대답하여 이르되 나는 하나님 앞에 서 있는 **가브리엘**이라. 이 좋은 소식을 전하여 네게 말하라고 보내심을 받았노라."

그러나 사가랴 역시 의인이었으나 가장 큰 선지자는커녕 선지자가 아닙니다.

마지막으로, 가브리엘은 예수님의 어머니 마리아에게 나타났습니다.

누가복음 1:26-27 "여섯째 달에 천사 **가브리엘**이 하나님의 보내심을 받아 갈릴리 나사렛이란 동네에 가서 다윗의 자손 요셉이라 하는 사람과 약혼한 처녀에게 이르니 그 처녀의 이름은 **마리아라**."

그러나 마리아 역시 특별하고 훌륭한 여인이긴 하나 사도나 선지자가 아닙니다.

이처럼 가브리엘은 다니엘과 사가랴와 마리아에게 나타났습니다. 그러나 하나님은 모세와 예수님에게 가브리엘을 보내지 않고 직접 대면하고 직접 말씀하셨습니다. 차원과 레벨이 완전히 다릅니다!

그런데, 어떻게 가브리엘의 계시를 받은 무함마드가 모세나 심지어 예수님보다 더 큰 선지자일 수가 있습니까? 말이 안 되는 소리입니다.

또한, 천사가 나타나서 말했다고 다 믿으면 큰일 납니다. 왜냐하면 마귀가 광명의 천사로 가장하여 속이려고 하기 때문입니다.

고린도후서 11:14-15 "이것은 이상한 일이 아니니라. **사탄도 자기를 광명의 천사로 가장하나니** 그러므로 사탄의 일꾼들도 자기를 의의 일꾼으로 가장하는 것이 또한 대단한 일이 아니니라."

그러므로 천사의 말이라고 무턱대고 믿지 말고 성경을 기준으로 분별하고 성경적인 것만 받아들여야 합니다.

그런데, 무함마드가 받은 계시는 비성경적이고 이단적인 내용들로 가득합니다. 그래서 유대인들과 기독교인들이 모두 그를 거부한 것입니다. 그러므로 무함마드는 가장 큰 선지자가 아님은 물론이고 결코 참 선지자가 아닙니다.

4) 선지자는 단지 계시를 받는 사람이 아니라 기적을 행한다!

많은 사람들이 선지자에 대해 잘못 알고 있습니다. 그것은 선지자를 단순히 계시를 받는 사람으로 생각하는 것입니다. 이것은 오해입니다. 성경에 보면, 선지자들이 예언하고 계시를 받은 대로 놀라운 치유와 기적들이 일어났습니다. 그러므로 선지자는 단지 계시를 받는 자가 아니라 기적을 행하는 사람입니다.

또한, 큰 선지자일수록 더 크고 많은 기적들을 일으켰습니다. 우리는 그것을 하나님의 사람 모세를 통해서 확인할 수 있습니다.

> 신명기 34:10-12 "그 후에는 이스라엘에 모세와 같은 선지자가 일어나지 못하였나니 모세는 여호와께서 대면하여 아시던 자요. **여호와께서 그를 애굽 땅에 보내사 바로와 그의 모든 신하와 그의 온 땅에 모든 이적과 기사와 모든 큰 권능과 위업을 행하게 하시매 온 이스라엘의 목전에서 그것을 행한 자이더라.**"

이처럼 모세는 열 가지 재앙으로 최강대국 애굽을 굴복시켰고, 홍해를 가르고, 반석에서 시냇물이 솟아 나오게 하고, 시내산에 올라가서 십계명을 받은 후에는 얼굴에서 빛이 났고, 그가 손을 들고 기도하면 이스라엘이 승리하고 손을 내리면 이스라엘이 패하는 등 전쟁의 승패를 좌우했습니다.

또, 우리는 그것을 모세와 함께 변화산에 나타난 선지자 엘리야와 그의 제자 엘리사를 통해서 확인할 수 있습니다. 엘리야는 계시만 받은 것이 아니라 기후를 다스리고, 음식이 증가하게 하고, 하늘에서 불이 떨어지게 하고, 죽은 사람을 살리고, 자주 순간 이동을 하고, 산 채로 하늘로 들림 받았습니다. 또, 엘리사도 계시만 받은 것이 아니라 물에 빠진 도끼가 떠오르게 하고, 독이 든 음식을 해독하고, 쓴 물을 달게 만들고, 문둥이 나아만을 깨끗하게 하고, 성을 둘러싼 적의 군대가 모두 맹인이 되게 하고, 심지어 죽은 후 그의 뼈에 시체가 닿자 살아났습니다.

또한, 누가복음 7장도 이것을 뒷받침해 줍니다. 거기에 보면, 예수님이 과부의 죽은 외아들을 살리셨을 때의 사람들의 반응이 이렇게 기록되어 있습니다.

> 누가복음 7:16 "모든 사람이 두려워하며 하나님께 영광을 돌려 이르되 **큰 선지자가 우리 가운데 일어나셨다** 하고 또 하나님께서 자기 백성을 돌보셨다 하더라."

이것들이 보여주듯이, 선지자는 단지 계시를 받는 사람이 아니라 기적을 행하는 사람입니다. 때문에 저는 무슬림들에게 단도직입적으로 이렇게 묻고 싶습니다.

"선지자는 기적을 행하는 사람입니다! 그런데 최고의 선지자요 마지막 선지자라는 무함마드는 도대체 무슨 기적을 행했습니까?"

무슬림들이여! 제발 맹신하지 말고 제가 언급한 선지자들과 무함마드를 비교해 보십시오. 무엇보다, 예수님과 비교해 보십시오. 예수님은 물로 포도주를 만들고, 각종 질병을 고치고, 맹인의 눈을 뜨게 하고, 문둥이를 깨끗하게 하고, 귀신들린 자를 자유하게 하고, 음식이 증가하게 하고, 풍랑을 잠잠케 하고, 바다 위를 걷고, 죽은 자들을 살리는 등 수많은 기적을 일으키셨습니다. 심지어, 요한은 이렇게 썼습니다.

> 요한복음 21:25 "예수께서 행하신 일이 이 외에도 많으니 만일 낱낱이 기록된다면 이 세상이라도 이 기록된 책을 두기에 부족할 줄 아노라."

또, 성경뿐 아니라 꾸란도 예수님이 많은 기적을 행했다는 것을 인정합니다. 꾸란에도 예수님이 행했다는 열 가지 기적이 기록되어 있습니다. 그런데 예수님보다 큰 선지자라는 무함마드는 무슨 기적을 행했습니까? 정말 그가 가장 큰 선지자요 마지막 선지자라면, 단순히 기적을 행하는 정도가 아니라 예수님보다 많은 어마어마한 기적들을 행했어야 합니다. 그러나 전혀 그렇지가 않습니다.

또한, 성경에는 진짜 마지막 선지자에 대한 예언이 기록되어 있습니다. 그것은 한 명이 아니라 두 명입니다.

> 요한계시록 11:3-6 "내가 나의 **두 증인**에게 권세를 주리니 그들이 굵은 베옷을 입고 천이백육십 일을 예언하리라. 그들은 이 땅의 주 앞에 서 있는 두 감람나무와 두 촛대니 만일 **누구든지 그들을 해하고자 하면 그들의 입에서 불이 나와서 그들의 원수를 삼켜 버릴 것이요. 누구든지 그들을 해하고자 하면 반드시 그와 같이 죽임을 당하리라. 그들이 권능을 가지고 하늘을 닫아 그 예언을 하는 날 동안 비가 오지 못하게 하고 또 권능을 가지고 물을 피로 변하게 하고 아무 때든지 원하는 대로 여러 가지 재앙으로 땅을 치리로다.**"

많은 이들이 두 증인을 교회라고 잘못 해석합니다. 그러나 아닙니다. 이들은 실제로 두 선지자입니다.[29] 그런데 이들은 마치 모세와 엘리야와 방불한 최고의 기적들을 행합니다. 또, 이들은 예수님처럼 부활하고 엘리야처럼 하늘로 승천합니다.

> 요한계시록 11:10-12 "이 **두 선지자**가 땅에 사는 자들을 괴롭게 한

---

[29] 자세한 것은 계시록을 제대로 해석한 저의 책 『하나님의 어리석음이 사람보다 지혜롭다!!!』 479-495 페이지를 참고하십시오.

고로 땅에 사는 자들이 그들의 죽음을 즐거워하고 기뻐하여 서로 예물을 보내리라 하더라. **삼 일 반 후에 하나님께로부터 생기가 그들 속에 들어가매 그들이 발로 일어서니 구경하는 자들이 크게 두려워하더라. 하늘로부터 큰 음성이 있어 이리로 올라오라 함을 그들이 듣고 구름을 타고 하늘로 올라가니** 그들의 원수들도 구경하더라."

이 두 선지자는 아직 나타나지 않았습니다. 그런데 어떻게 무함마드가 마지막 선지자일 수 있습니까? 또, 명백히 무함마드는 두 증인에 훨씬 못 미칩니다. 그런데 어떻게 무함마드가 두 증인도 아니고 심지어 예수님보다도 큰 최고의 선지자일 수 있습니까? 말도 안 되는 뻔뻔한 주장입니다.

게다가, 그마저도 예수님처럼 다른 여러 선지자들이 증거한 것이 아니라, 알라의 계시를 빙자해서 자기가 자기에 대해서 한 말 아닙니까? 그런 것을 어떻게 믿을 수 있습니까? 그러므로 정신 차리시고 더 이상 속지 않는 여러분 되시기 바랍니다.

마지막으로, 저는 태어날 때부터 평생 속고 살아온 무슬림들을 진심으로 긍휼히 여기고 사랑하는 마음으로 흥미로운 실화를 하나 소개해 드리고자 합니다. 하나님은 구약성경에서 요엘 선지자를 통해 성령을 부어주시겠다고 약속하셨습니다(요엘 2:28-29). 예수님도 승천하시기 직전 성령을 부어줄 것을 약속하셨고, 실제로 오순절 날 120명에게 성령님이 임하셨습니다(사도행전 2:1-4).

그날 그들은 모두 예수님이 약속하신(마가복음 16:17) 대로 새 방언, 즉 자기들이 배우지 않은 외국어 방언을 했습니다(사도행전 2:6-12). 그 후 오늘에 이르기까지 하나님은 기독교인들에게 성령을 부어주셨고 수많은 목사들과 신자들이 방언으로 기도합니다. 또, 그중 일부는 자신이 전혀 배우지 않은 나라의 말을 초자연적으로 구사하고 기도나 설교를 하기도 합니다. 비단 성경에 기록되어 있는 오순절 성령강림 때뿐 아니라, 미국 로스앤젤레스에서 일어났던 아주사 부흥 때와 인도네시아 부흥 때도 이런 방언이 많이 임했습니다. 그리고 세계 곳곳에서 이런 간증들이 보고되고 있습니다.

제가 아는 분들 중에도 이런 방언을 경험한 분들이 많습니다. 일례로, 아프리카에서 1만 개 이상의 교회를 감독하는 슈프레자 싯홀 목사님의 경우, 자기가 배우지 않은 13개국 이상의 언어를 구사합니다. 물론 그런 간증이 흔한 것은 아닙니다. 그러나 모으면 다 소개할 수 없을 만큼 많습니다.

또, 기독교에서 이 시대에 일어난 가장 신뢰할 수 있는 선지자 케네스 해긴 목사님도 그중 한 분입니다. 해긴 목사님은 참 선지자로 수많은 놀라운 치유와 축귀(귀신 쫓는 것)와 기적을 일으켰고, 예수님을 여러 차례 직접 만났고, 천국과 지옥도 실제로 다녀왔습니다. 그런데 그분이 체험한 외국어 방언이 그동안 속고 살아온 무슬림들이 회개하고 예수님을 믿는 데 큰 도움이 될 것이라고 믿습니다. 그래서 그것을 소개해 드리고자 합니다.

"당신은 종종 어떤 순복음 교단 사람이 방언은 다 기도라고 말하는 것을 들을 수 있습니다. 그들은 말합니다. '사람이 방언을 할 때, 사실 그는 기도를 하고 있는 것입니다. 그리고 누군가 그 방언을 통역하면, 그는 예언을 하고 있는 거지요.'

그러나 모든 방언이 다 기도는 아니며, 모든 방언이 기도의 목적으로 주어지는 것은 아닙니다. **나는 공중 모임에서 여러 번 방언을 말했고, 또 내가 말한 언어를 알아듣고 내가 한 말을 정확히 이해한 사람이 후에 내게 찾아온 경우가 몇 번 있었기 때문에 그것에 대해 잘 알고 있습니다.**

나는 한 번은 독일어를 말했는데, 나는 독일어를 모릅니다. 나는 또한 스페인어와 아랍어도 말한 적이 있습니다. 회중 가운데 내가 말한 언어를 이해하는 사람들이 내게 찾아온 적도 몇 번 있었습니다. 그리고 때때로 그들에게 내가 기도를 했냐고 물으면, 그들은 말했습니다. '아니에요, 당신은 회중에게 설교를 했어요.'

예를 들어, 한 번은 어떤 남자가 예배 후에 나를 찾아와서 말했습니다. '나는 목사님이 말씀하신 것을 어떻게 통역하실지 궁금했어요.'

나는 물었습니다. '그게 무슨 말이지요?'

그가 대답했습니다. '목사님은 아랍어로 말씀하셨어요.'

오, 나는 내가 아랍어로 말했다는 것을 몰랐습니다!

그리고 그 남자가 말했습니다. '아랍어는 제 모국어입니다. 당신은 사람이 일반적으로 들어볼 수 없는 아랍어로 말씀하셨습니다. 그래서 나는 그것을 어떻게 통역하실지 궁금했습니다.'(이 남자는 그리스도인이 아니었고, 성령의 은사에 대해서는 전혀 이해가 없었습니다. 그는 내가 아랍어를 할 줄 알아서, 영어로 그 말을 통역했다고 생각한 것입니다!)

내가 말했습니다. '내 통역이 어땠나요?'

'오, 탁월했어요!' 그가 말했습니다.

'오, 그래요.' 내가 말했습니다. '주님을 찬양합니다! 제가 잘했다니 정말 기쁘네요. 저는 아랍어를 모르거든요.'

그 남자가 나를 쳐다보고, 깜짝 놀라서 말했습니다. '뭐라고요! 전에 아랍어를 전혀 해본 적이 없다고 말씀하시는 겁니까?'

내가 말했습니다. '맞습니다.'

그 남자는 의혹에 차서 나를 바라보았습니다. 그가 말했습니다. '당신은 아랍어를 못 합니까?' 그리고 그는 내게 아랍어로 뭔가 말했습니다. 나는 내가 그런 말들을 했었다는 건 눈치챘지만, 그가 하는 말은 알 수 없었습니다.

그리고서 그 남자가 물었습니다. '어떻게 당신이 말한 내용도 모르면서 그렇게 완벽한 아랍어를 할 수 있었지요?' 그래서 나는 성경의 고린도전서 12장과 14장을 펴고 방언과 통역의 은사에 대해 그에게 설명했습니다.

그날 밤 이 남자가 처음 예배당에 들어왔을 때, 그는 예수 그리스도가 메시아임을 믿지 않았습니다. 그러나 예배 후에 우리가 대화를 하는 중에, 그의 안에서 무언가 변화가 있었습니다. 그는 나에게 말했습니다. '그렇다면, 그리스도가 메시아일 수도 있겠네요!'

내가 대답했습니다. '<u>하나님 감사합니다. 그분은 메시아이십니다!</u>'

내가 아랍어를 말했을 때, 성령께서는 그 남자에게 예수께서 메시아이신 것을 말했던 것입니다! 나는 기도하지 않았습니다. 나는 그

110 "아브라함의 하나님, 이삭의 하나님, 야곱의 하나님"에 대한 계시! 원 샷~ 올 킬!

남자에게 그가 들어야 할 특정한 메시지를 하나님께 받아 말했습니다. 나는 사역 중에 이런 일을 여러 번 겪었습니다."[30]

---

30 케네스 E. 해긴 『방언: 오순절 다락방 경험을 넘어』 김진호 옮김. 용인: 믿음의 말씀사, 2010. pp. 266-268.

THE GOD OF JACOB

제 3 장

"야곱의 하나님"

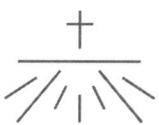

성경은 유일하신 참 하나님이 야곱의 하나님이라고 말씀합니다.

사무엘하 23:1 "이는 다윗의 마지막 말이라. 이새의 아들 다윗이 말함이여 높이 세워진 사, **야곱의 하나님**세로부터 기름 부음 받은 자, 이스라엘의 노래 잘 하는 자가 말하노라."

시편 20:1 "환난 날에 여호와께서 네게 응답하시고 **야곱의 하나님**의 이름이 너를 높이 드시며"

시편 24:6 "이는 여호와를 찾는 족속이요 **야곱의 하나님**의 얼굴을 구하는 자로다."

시편 46:7 "만군의 여호와께서 우리와 함께 하시니 **야곱의 하나님**은

우리의 피난처시로다."³¹

시편 75:9 "나는 **야곱의 하나님**을 영원히 선포하며 찬양하며"

시편 81:1 "우리의 능력이 되시는 하나님을 향하여 기쁘게 노래하며 **야곱의 하나님**을 향하여 즐거이 소리칠지어다."

시편 81:4 "이는 이스라엘의 율례요 **야곱의 하나님**의 규례로다."

시편 84:8 "만군의 하나님 여호와여 내 기도를 들으소서. **야곱의 하나님**이여 귀를 기울이소서."

시편 114:7 "땅이여 너는 주 앞 곧 **야곱의 하나님** 앞에서 떨지어다."

이사야 2:3 "많은 백성이 가며 이르기를 오라 우리가 여호와의 산에 오르며 **야곱의 하나님**의 전에 이르자."

미가 4:2 "곧 많은 이방 사람들이 가며 이르기를 오라 우리가 여호와의 산에 올라가서 **야곱의 하나님**의 전에 이르자. 그가 그의 도를 가지고 우리에게 가르치실 것이니라. 우리가 그의 길로 행하리라."

---

31 시편 46:11 "만군의 여호와께서 우리와 함께 하시니 야곱의 하나님은 우리의 피난처시로다."

하나님은 본래 아브라함을 택하셨습니다. 그런데 왜 단지 '아브라함의 하나님'이라고 하시지 않고, '이삭의 하나님' 나아가서 '야곱의 하나님'이라고 하실까요?

그 이유를 하나님께서 아브라함에게 하신 최고의 약속이 잘 보여줍니다. 하나님은 아브라함을 부르시면서 이렇게 약속하셨습니다.

창세기 12:3 "너를 축복하는 자에게는 내가 복을 내리고 너를 저주하는 자에게는 내가 저주하리니 **땅의 모든 족속이 너로 말미암아 복을 얻을 것이라** 하신지라."

아시다시피, 이것은 그의 후손을 통해 인류를 구원할 수 있는 유일한 참 종교를 일으키시겠다는 뜻입니다.

그런데 이 약속을 다시 누구에게 하셨습니까? 즉, 누가 이 약속을 계승했습니까? 백세 때 얻은 아들 이삭입니다.

창세기 26:1-4 "아브라함 때에 첫 흉년이 들었더니 그 땅에 또 흉년이 들매 **이삭이** 그랄로 가서 블레셋 왕 아비멜렉에게 이르렀더니 여호와께서 **이삭에게** 나타나 이르시되 애굽으로 내려가지 말고 내가 네게 지시하는 땅에 거주하라. 이 땅에 거류하면 내가 너와 함께 있어 네게 복을 주고 내가 이 모든 땅을 너와 네 자손에게 주리라. 내가 네 아버지 아브라함에게 맹세한 것을 이루어 네 자손을 하늘의 별과 같이 번성하게 하며 이 모든 땅을 네 자손에게 주리니 **네 자손으로 말미암아 천하 만민이 복을 받으리라.**"

또, 그 다음에 이 약속을 누구에게 하셨습니까? 즉, 누가 이 약속을 계승했습니까? 이삭의 두 아들 중 야곱입니다.

> 창세기 28:10-14 "**야곱**이 브엘세바에서 떠나 하란으로 향하여 가더니 한 곳에 이르러는 해가 진지라. 거기서 유숙하려고 그 곳의 한 돌을 가져다가 베개로 삼고 거기 누워 자더니 꿈에 본즉 사닥다리가 땅 위에 서 있는데 그 꼭대기가 하늘에 닿았고 또 본즉 하나님의 사자들이 그 위에서 오르락내리락 하고 또 본즉 여호와께서 그 위에 서서 이르시되 나는 여호와니 너의 조부 아브라함의 하나님이요 이삭의 하나님이라. 네가 누워 있는 땅을 내가 너와 네 자손에게 주리니 네 자손이 땅의 티끌 같이 되어 네가 서쪽과 동쪽과 북쪽과 남쪽으로 퍼져 나갈지며 **땅의 모든 족속이 너와 네 자손으로 말미암아 복을 받으리라.**"

그 후, 하나님은 그 누구에게도 문자적으로 이와 똑같은 약속을 하지 않으셨습니다. 이것은 아브라함을 통해 이루시려는 하나님의 뜻과 계획을 이삭 그리고 야곱의 후손을 통해 이루시겠다는 하나님의 분명한 뜻을 보여주는 것입니다.

앞에서 설명한 것과 같은 내용이지만, 하나님은 아브라함에게 "너"(창 12:3, 18:18)와 "네 씨"(창 22:18)로 말미암아 천하 만민이 복을 받으리라고 약속하셨습니다. 그런데 아브라함의 씨 중 누구를 통해서 이 약속을 이루실까요? 이에 대해 바울은 로마서에서 이렇게 썼습니다.

로마서 9:6-13 "… 아브라함의 씨가 다 그의 자녀가 아니라 오직 이삭으로부터 난 자라야 '네 씨'라 불리리라 하셨으니 곧 육신의 자녀가 하나님의 자녀가 아니요 오직 약속의 자녀가 씨로 여기심을 받느니라. 약속의 말씀은 이것이니 명년 이 때에 내가 이르리니 사라에게 아들이 있으리라 하심이라. **그뿐 아니라 또한 리브가가 우리 조상 이삭 한 사람으로 말미암아 임신하였는데** 그 자식들이 아직 나지도 아니하고 무슨 선이나 악을 행하지 아니한 때에 택하심을 따라 되는 하나님의 뜻이 행위로 말미암지 않고 오직 부르시는 이로 말미암아 서게 하려 하사 **리브가에게 이르시되 큰 자가 어린 자를 섬기리라 하셨나니 기록된 바 내가 야곱은 사랑하고 에서는 미워하였다 하심과 같으니라.**"

이것을 통해 정말 그렇다는 것이 재확인되지요! 이처럼 하나님은 하나님의 꿈을 이루기 위해 먼저 아브라함을, 그 다음 이삭을, 마지막으로 야곱을 택하셨습니다. 또, 자신의 이름을 "아브라함의 하나님, 이삭의 하나님, 야곱의 하나님"이라고 선포하셨습니다. 그렇게 하심으로써 아브라함과 이삭과 야곱의 후손을 통해 인류를 구원할 유일한 참 종교를 일으키시겠다는 것과 그것이 확정적이라는 것을 확고히 하셨습니다.

또, 서론에서도 잠시 다뤘지만 왜 하나님은 아브라함의 하나님, 이삭의 하나님, 야곱의 하나님이실까요? 무슨 말이냐 하면, 요셉이 이삭이나 야곱보다 더 훌륭해 보이는데 왜 빠지고 없느냐는 것입니다.

설마 하나님은 요셉의 하나님은 아니실까요? 그렇지 않습니다. 당연히 요셉의 하나님이기도 하십니다. 그런데 왜 "아브라함의 하나님, 이삭의 하나님, 야곱의 하나님, 요셉의 하나님"이라고 하지 않으셨을까요?

저는 그 답이, 이스라엘의 마지막 조상인 야곱의 이름에 나타나 있다고 생각합니다. 야곱은 하나님과 씨름하여 이긴 후 "이스라엘"이라는 특별한 이름을 얻었습니다.

> 창세기 32:28 "그가 이르되 **네 이름을 다시는 야곱이라 부를 것이 아니요 이스라엘이라 부를 것이니** 이는 네가 하나님과 및 사람들과 겨루어 이겼음이니라."[32]

그러면 하나님은 왜 야곱에게 이 이름을 주셨을까요? 그것은 야곱의 12아들이 이스라엘 12지파가 될 것을 아셨기 때문입니다.

이스라엘은 하나님께서 지구상에서 유일하게 선택한 나라입니다. 즉, 선민입니다.

> 신명기 4:20 "여호와께서 너희를 택하시고 너희를 쇠 풀무불 곧 애굽에서 인도하여 내사 **자기 기업의 백성을 삼으신 것이** 오늘과 같아도"

---

32 "자식을 이기는 부모는 없다"는 말이 있습니다. 어쩌면 하나님이 야곱에게 하나님과 겨루어 이겼다는 이름을 주신 이유도 이스라엘을 하나님이 사랑하는 자녀로 삼으셨기 때문 아닐까요?(호 11:1) 그래서 그들이 기도하고 매달리면 아버지이신 하나님도 이길 수 없다는 뜻 아닐까요? 즉, 힘이 없어서가 아니라 부모가 자녀를 사랑하기 때문에 져주는 것처럼 질 수밖에 없다는 뜻 아닐까요?

신명기 7:6 "너는 여호와 네 **하나님의 성민이라. 네 하나님 여호와께서** 지상 만민 중에서 너를 자기 기업의 백성으로 택하셨나니"

신명기 14:2 "너는 네 하나님 **여호와의 성민이라. 여호와께서 지상** 만민 중에서 너를 택하여 자기 기업의 백성으로 삼으셨느니라."

이것이 하나님께서 요셉 앞에서 끊어서 "아브라함의 하나님, 이삭의 하나님, 야곱의 하나님"이라고 하신 이유입니다. 또, 이것이 성경에 **'야곱의 하나님'** 또는 **'이스라엘의 하나님'**이라는 표현이 많이 나오는 이유입니다.

여러분이 캐치하셨는지 모르겠지만, 성경에 "아브라함의 하나님, 이삭의 하나님, 야곱의 하나님" 외에(합해도 마찬가지지만) "아브라함의 하나님"이나 "이삭의 하나님" 보다 "야곱의 하나님"이라는 표현이 더 많이 나옵니다. "아브라함의 하나님"은 6번 나오고(창 24:12, 27, 42, 48. 26:24. 시 47:9), "이삭의 하나님"은 2번밖에 안 나오지만(창 28:13, 32:9) **"야곱의 하나님"**은 둘을 합친 것보다 많은 13번이나 나옵니다(삼하 23:1, 시 20:1, 24:6, 46:7, 46:11, 75:9, 81:1, 4, 84:8, 94:7, 114:7, 사 2:3, 미 4:2).

또, 많은 경우 진짜 이스라엘을 뜻하겠지만 **"이스라엘의 하나님"**이라는 표현은 성경에 무려 139번이나 나옵니다(출 5:1, 32:27, 34:23, 수 7:13, 19, 20, 8:30, 9:18, 19, 10:40, 13:14, 33, 14:14, 24:2, 23, 삿 4:6, 5:3, 5, 6:8, 21:3, 룻 2:12, 삼상 1:17, 2:30, 14:41, 20:12, 23:11, 25:32, 34, 삼하 7:26, 27, 12:7, 왕상 1:30, 48, 8:15, 17, 20, 23,

26, 11:9, 31, 14:7, 13, 15:30, 16:13, 26, 17:1, 18:36, 22:53, 왕하 19:15, 21:12, 22:18, 대상 15:12, 16:36, 17:24, 24:19, 29:10, 18, 대하 2:12, 6:7, 10, 14, 11:16, 29:7, 10, 30:6, 34:23, 26, 스 1:3, 4:1, 3, 5:1, 6:21, 22, 7:6, 8:35, 9:4, 시 59:5, 68:8, 35, 69:6, 72:18, 106:48, 사 17:6, 21:10, 17, 24:15, 29:23, 37:21, 41:17, 45:3, 15, 48:1, 2, 52:12, 렘 7:3, 21, 9:15, 11:3, 13:12, 16:9, 19:3, 15, 23:2, 25:27, 27:4, 21, 28:2, 14, 29:4, 8, 21, 25, 31:23, 32:14, 15, 36, 35:13, 17, 18, 19, 38:17, 39:16, 42:9, 15, 18, 43:10, 44:2, 7, 11, 25, 45:2, 46:25, 48:1, 50:18, 51:33, 겔 10:20, 습 2:9, 마 15:31, 눅 1:68).

왜 그럴까요? 그것은 이미 설명해드린 대로 야곱의 12아들이 선민 이스라엘 12지파를 구성하게 될 것이기 때문입니다. 때문에 아브라함과 이삭과 야곱은 선민 이스라엘의 조상입니다. 그러나 요셉은 훌륭하긴 하나 이스라엘의 조상이 아닙니다. 그는 이스라엘 열두 지파 중 에브라임과 므낫세 지파의 조상일 뿐입니다. 이것이 하나님의 이름에 요셉의 이름이 들어 있지 않은 이유입니다.

또, 하나님의 이름에 아브라함과 이삭과 야곱만 들어 있고 요셉이 들어 있지 않은 더 중요한 이유가 있습니다. 하나님은 아브라함과 이삭과 야곱에게 "네 씨로 말미암아 천하 만민이 복을 받으리라"고 약속하셨습니다. 이 약속은 오직 메시아를 통해서만 이루어질 수 있습니다. 그러므로 메시아가 아브라함과 이삭과 야곱의 후손으로 태어나신다는 것을 뜻합니다. 한마디로, 예수님이 유대인으로 태어나신다는 뜻입니다. 그래서 성경은 메시아가 유대인으로 태어나신다고 예언하고 있습니다.

일례로, 민수기에 보면 이스라엘을 저주하라는 발락의 사주를 받은 발람이 이스라엘의 진을 보면서 이렇게 예언했습니다.

민수기 24:15-17 "브올의 아들 발람이 말하며 눈을 감았던 자가 말하며 하나님의 말씀을 듣는 자가 말하며 지극히 높으신 자의 지식을 아는 자, 전능자의 환상을 보는 자, 엎드려서 눈을 뜬 자가 말하기를 내가 그를 보아도 이 때의 일이 아니며 내가 그를 바라보아도 가까운 일이 아니로다. **한 별이 야곱에게서 나오며 한 규가 이스라엘에게서 일어나서** 모압을 이쪽에서 저쪽까지 쳐서 무찌르고 또 셋의 자식들을 다 멸하리로다."

우리가 주목할 것은 "한 별이 야곱에게서 나오며 한 규가 이스라엘에게서 일어나서"라는 부분입니다. "규", 즉 왕의 홀과 "별"이 겹쳐지는 것을 보아 이것은 한 왕에 대한 예언입니다.

이 왕이 누구일까요? 주후 1세기에는 이 구절을 메시아적 본문으로 해석했습니다.[33] 또, 이 구절의 왕이 직접적으로는 다윗 왕을 가리키나, 궁극적으로는 메시아를 가리킨다는 것이 17세기 이후 교회의 정설입니다.[34] 마태복음 2장 2-9절과 요한계시록 22장 16절도 이것을 어느 정도 뒷받침해 줍니다. 그러므로 이것은 메시아가 이스라엘에서 태어나신다는 예언입니다.

---

[33] 윌리엄 벨링거 『레위기 민수기』 김진선 옮김, 서울: 한국성서유니온선교회, 2016. p. 377.
[34] 이상근 『구약주해 민(하)·신명기』 서울: 기독교문사, 2005. p. 62.

훗날 예수님은 실제로 유대인으로 탄생하셨습니다. 그것이 사복음서에 자세히 기록되어 있습니다. 또, 바울은 야곱의 후손인 이스라엘에 대해 이렇게 말했습니다.

로마서 9:4-5 "그들은 **이스라엘 사람**이라. 그들에게는 양자됨과 영광과 언약들과 율법을 세우신 것과 예배와 약속들이 있고 조상들도 그들의 것이요 **육신으로 하면 그리스도가 그들에게서 나셨으니** 그는 만물 위에 계셔서 세세에 찬양을 받으실 하나님이시니라. 아멘."

이스라엘의 의미 중 가장 중요한 것은 예수님이 그들에게서 태어나셨다는 것이라는 뜻입니다.
또, 사도 요한은 이스라엘에 대한 이와 같은 환상을 보았습니다.

요한계시록 12:1-5 "하늘에 큰 이적이 보이니 **해를 옷 입은 한 여자가 있는데 그 발 아래에는 달이 있고 그 머리에는 열두 별의 관을 썼더라.** 이 여자가 아이를 배어 해산하게 되매 아파서 애를 쓰며 부르짖더라. 하늘에 또 다른 이적이 보이니 보라 한 큰 붉은 용이 있어 머리가 일곱이요 뿔이 열이라. 그 여러 머리에 일곱 왕관이 있는데 그 꼬리가 하늘의 별 삼분의 일을 끌어다가 땅에 던지더라. 용이 해산하려는 여자 앞에서 그가 해산하면 그 아이를 삼키고자 하더니 **여자가 아들을 낳으니 이는 장차 철장으로 만국을 다스릴 남자라. 그 아이를 하나님 앞과 그 보좌 앞으로 올려가더라.**"

보쿰과 이필찬 교수를 비롯해서 많은 학자들은 이 여자가 교회(혹은 하나님의 백성)라고 생각합니다. 그러나 요한계시록만큼 잘못 해석되고 있는 책도 없고 이것은 잘못된 해석입니다. 이 여자는 교회가 아니라 이스라엘을 뜻합니다. 자세한 것은 저의 계시록 책을 참고하시기 바랍니다.

그럼 여자가 낳은 만국을 다스릴 남자는 누구일까요? 당연히 예수님입니다. 이처럼 예수님은 유대인으로 태어나셨습니다. 이것이 예수님이 친히 이렇게 말씀한 이유입니다.

> 요한복음 4:22 "너희는 알지 못하는 것을 예배하고 우리는 아는 것을 예배하노니 **이는 구원이 유대인에게서 남이라.**"

구원은 예수님을 통해서만 받을 수 있습니다. 예수 이름 외에는 우리를 구원할 수 있는 이름이 없습니다(행 4:12). 그런데 왜 '구원은 나에게서 나느니라'고 하시지 않고 유대인에게서 난다고 하셨을까요? 그것은 예수님이 유대인으로 태어나셨기 때문입니다.

이상 설명해드린 것처럼, 예수님은 유대인으로 태어나셨습니다! 때문에 아브라함과 이삭과 야곱은 예수님의 직계 조상입니다. 그러나 요셉은 훌륭하지만 예수님의 직계 조상이 아닙니다. 예수님은 유다지파입니다.

> 히브리서 7:14 "**우리 주께서는 유다로부터 나신 것이 분명하도다.**"

요한계시록 5:5 "장로 중의 한 사람이 내게 말하되 울지 말라 **유대 지파의 사자 다윗의 뿌리가 이겼으니** 그 두루마리와 그 일곱 인을 떼시리라 하더라."

이것이 하나님께서 요셉 앞에서 끊어서 자신을 아브라함의 하나님, 이삭의 하나님, 야곱의 하나님이라고 말씀하신 가장 큰 이유입니다.

정리해 보겠습니다. 하나님의 이름 "아브라함의 하나님, 이삭의 하나님, 야곱의 하나님"에는 아브라함과 이삭과 야곱의 후손 유대인을 통해 인류를 구원하는 유일한 참 종교를 일으키시겠다는 뜻이 들어 있습니다. 실제로, 구약시대의 유일한 참 종교 유대교와 신약시대의 유일한 참 종교 기독교가 유대인을 통해 생겼습니다. 그 결과 아브라함을 택하여 이루시고자 하신 인류를 구원하는 유일한 참 종교가 완성되었고 하나님의 꿈이 성취되고 있습니다. 하나님은 오래전에 이것을 "아브라함의 하나님, 이삭의 하나님, 야곱의 하나님"이라는 자신의 이름을 통해 공표하셨고 단단히 못을 박았습니다. 그러므로 참 종교는 유대인이 아닌 타민족에서는 결코 일어날 수가 없습니다. 이것을 꼭 기억하시기 바랍니다.

한편, 이 부동의 사실에서 이미 말씀드린 것들을 포함하여 다섯 가지 사활적으로 중요한 진리가 도출됩니다. 동시에, 그것이 참이라는 것이 100% 온전히 확증됩니다. 그 다섯 가지는 다음과 같습니다.

(1) 기독교 외의 세상 모든 종교는 다 가짜다!

잠언 14:12, 16:25 "어떤 길은 사람이 보기에 바르나 필경은 사망의 길이니라!"

고린도전서 8:5-6 "비록 하늘에나 땅에나 신이라 불리는 자가 있어 많은 신과 많은 주가 있으나 그러나 우리에게는 한 하나님 곧 아버지가 계시니 만물이 그에게서 났고 우리도 그를 위하여 있고 또한 한 주 예수 그리스도께서 계시니 만물이 그로 말미암고 우리도 그로 말미암아 있느니라."

우리나라에 처음 기독교가 들어왔을 때, 많은 이들이 왜 한국인이 서양 종교를 믿느냐며 극심하게 반대했습니다. 그러나 불교나 유교는 외국 종교 아닌가요? 둘 다 하나는 인도, 하나는 중국에서 생긴 외국 종교입니다. 그러므로 옳은 말이 아닙니다.

더 중요한 것은, 천지와 만물을 창조하신 유일하신 하나님이 인류를 구원할 참 종교를 일으키시기 위해 단군이 아니라 아브라함과 이삭과 야곱을 택하셨다는 것입니다. 그러므로 서양 종교 운운할 문제가 아닙니다.

저는 한국인이고 우리 민족의 조상은 단군입니다. 또, 우리나라에는 단군을 믿는 대종교라는 종교가 있습니다. 그러나 저는 대종교를 믿지 않습니다. 왜냐하면 인류를 만드신 하나님이 단군을 믿음의 조상으로 택하지 않으셨기 때문입니다. 대종교는 참 하나님과 무관한 거짓 종교 중 하나일 뿐입니다.

하나님은 참 종교를 일으키기 위해 먼저 아브라함을, 그 후에는 이삭과 야곱을 택하셨습니다. 하나님이 세운 참 종교는 반드시 야곱의 자손인 이스라엘에서 나와야 합니다. 다른 나라에서는 나올 수가 없습니다. 그러므로 우리나라나 중국 혹은 아시아에서 일어난 종교는 모두 가짜입니다. 유럽에서 일어난 종교들도 마찬가지고, 미국에서 일어난 몰몬교도 마찬가지입니다. 아프리카나 다른 대륙에서 일어난 토속 종교들도 다 마찬가지입니다. 그러므로 세상에는 많은 종교들이 있으나 오직 기독교만이 하나님이 세운 참 종교라는 것을 믿어야 합니다.

요한복음 14:6 "예수께서 이르시되 내가 곧 길이요 진리요 생명이니 나로 말미암지 않고는 아버지께로 올 자가 없느니라."

사도행전 4:12 "다른 이로써는 구원을 받을 수 없나니 천하 사람 중에 구원을 받을 만한 다른 이름을 우리에게 주신 일이 없음이라 하였더라."

디모데전서 2:4-5 "하나님은 모든 사람이 구원을 받으며 진리를 아는 데에 이르기를 원하시느니라. **하나님은 한 분이시요 또 하나님과 사람 사이에 중보자도 한 분이시니 곧 사람이신 그리스도 예수라.**"

이와 같이 오직 기독교만이 우리를 죄와 마귀와 지옥에서 구원할 수 있습니다. 여러분, 이제 이것을 인정하십시오! 그리하여 예수님을 믿고 구원받는 여러분 되시기 바랍니다.

(2) 이슬람교는 참 하나님과 전혀 상관이 없다!

아브라함의 후손이 아닌 다른 나라 사람이 일으킨 종교는 모두 가짜입니다. 그런데, 다른 종교들과 달리 이슬람교의 창시자 무함마드는 아브라함의 후손입니다. 때문에 무슬림들은 알라가 아브라함이 믿었던 하나님이고, 이슬람교가 참 종교라고 주장합니다.

그러나 하나님이 세운 참 종교는 단지 아브라함의 후손이 일으키지 않습니다. 반드시 아브라함의 아들 중 이삭의 후손이 일으킵니다. 그런데 무함마드는 이삭의 후손이 아닙니다. 하나님의 구원 계획과 완전 무관한 이스마엘의 후손입니다. 그러므로 이슬람교가 참 종교일 가능성은 완전 제로입니다.

또, 설사 이삭의 후손이라도 야곱의 후손이 아니면 그 사람이 세운 종교는 참 종교가 아닙니다. 그러므로 이슬람교는 참 종교에서 더 멀어집니다.

또한, 마태는 마태복음에서 이렇게 예수님의 족보를 소개했습니다.

마태복음 1:1-3, 6, 16 "**아브라함**과 **다윗**의 자손 예수 그리스도의 계보라. **아브라함**이 이삭을 낳고 **이삭**은 **야곱**을 낳고 야곱은 **유다**와 그의 형제들을 낳고 **유다**는 다말에게서 베레스와 세라를 낳고 베레스는 헤스론을 낳고 헤스론은 람을 낳고 … 이새는 **다윗 왕**을 낳으니라. **다윗**은 우리야의 아내에게서 솔로몬을 낳고 … 야곱은 마리아의 남편 요셉을 낳았으니 마리아에게서 그리스도라 칭하는 **예수**가 나시니라."

예수님을 아브라함의 자손이라고 한 것은 십분 이해가 갑니다. 하지만 왜 "아브라함과 다윗의 자손"이라고 했을까요?

앞에서 저는, 하나님께서 창세기 12장 3절의 "네 씨로 말미암아 천하 만민이 복을 받으리라"라는 약속을 먼저 아브라함에게 그 뒤 이삭과 야곱에게 하셨고, 그 후로는 누구에게도 문자적인 똑같은 약속을 하신 일이 없다고 했습니다. 그러나 내용상으로는 동일한 약속을 받은 사람이 있습니다. 바로 다윗 왕입니다!

> 사무엘하 7:13, 16 "**나는 그의 나라 왕위를 영원히 견고하게 하리라. … 네 집과 네 나라가 내 앞에서 영원히 보전되고 네 왕위가 영원히 견고하리라.**"

중요한 것은, 하나님께서 다윗과 다윗의 후손의 왕위가 영원하리라고 약속하셨다는 점입니다. 그러나 북 이스라엘뿐 아니라 남 유다도 멸망했습니다. 역사는 다윗의 후손들의 왕위가 영원하지 않다는 것을 보여줍니다.

그러니 하나님의 말씀이 틀린 것일까요? 그렇지 않습니다. 왜냐하면 다윗의 후손으로 오신 예수님을 통해 이 약속이 성취되기 때문입니다. 이것을 이사야는 이렇게 예언했습니다.

> 이사야 9:6-7 "**이는 한 아기가 우리에게 났고 한 아들을 우리에게 주신 바 되었는데** 그의 어깨에는 정사를 메었고 그의 이름은 기묘자라, 모사라, 전능하신 하나님이라, 영존하시는 아버지라, 평강의 왕이라 할 것임이라. 그 정사와 평강의 더함이 무궁하며 또 '다윗의 왕좌와 그의 나라에 군림하여' 그 나라를 굳게 세우고 지금 이후로 '영원히' 정의와 공의로 그것을 보존하실 것이라. 만군의 여호와의 열심이 이를 이루시리라."

또한, 누가는 이 예언의 성취를 이렇게 기록했습니다.

> 누가복음 1:31-33 "보라 네가 잉태하여 아들을 낳으리니 그 이름을 **예수라 하라. 그가 큰 자가 되고 지극히 높으신 이의 아들이라 일컬어질 것이요.** 주 하나님께서 그 조상 다윗의 왕위를 그에게 주시리니 **'영원히' 야곱의 집을 왕으로 다스리실 것이며 그 나라가 '무궁'**하리라."

이제, 생각해 보십시오! 성경에 많은 사람이 나오지만, 그의 후손 중에서 메시아가 태어나고 그를 통해 인류를 구원할 참 종교를 일으키겠다는 약속을 받은 사람은 아브라함과 이삭과 야곱입니다. 그러므로 메시아는 이스라엘에서 태어날 수밖에 없습니다. 또,

그 후 하나님은 다윗 왕에게 그의 후손으로 그의 왕위를 영원히 계승할 메시아가 태어날 것이라고 약속하셨습니다. 그러므로 메시아는 단지 아브라함과 이삭과 야곱의 자손이 아니라 반드시 다윗의 자손이어야 합니다. 유대인일 뿐 아니라 유다지파여야 한다는 것입니다. 실제로, 예수님은 유대인일 뿐 아니라 유다지파, 즉 다윗의 자손이십니다. 이것이 마태가 예수님을 아브라함과 다윗의 자손이라고 말한 이유입니다. 이해가 되시지요!

이상 설명해드린 것처럼, 메시아는 아브라함과 이삭과 야곱의 자손, 즉 유대인일 뿐 아니라 반드시 유다지파여야만 합니다. 때문에 그가 설사 유대인이라도 유다지파가 아닌 사람이 만든 종교는 다 가짜입니다. 그런데 이슬람교의 창시자인 무함마드는 첫째, 이삭의 후손이 아니라 이스마엘의 후손이고 둘째, 야곱의 후손인 유대인이 아니라 아랍인이고 셋째, 다윗의 후손인 유다지파가 아닙니다. 이것을 통해 하나님이 세운 참 종교가 아니라는 것이 반복적으로 드러납니다. 그러므로 이슬람교는 절대로 하나님이 세운 참 종교가 아닙니다.

또한, 하나님께서 아브라함과 이삭과 야곱의 후손들을 통해 세운 참 종교인 유대교와 기독교를 가장 증오하고 폄훼하는 종교가 무엇입니까? 바로 이슬람교입니다. 무슬림들은 유난히 유대인과 기독교인을 증오합니다. 그런데 구약성경에 보면 늘 하나님의 대적들이 이스라엘을 미워하고 이 세상에서 없애려고 했습니다. 또, 신약성경에 보면 서기관과 바리새인들이 예수님과 12사도와 바울을 지독하게 미워하고 대적했습니다. 그런데 오늘날 이슬람교가 정확히 그 뒤를 잇고 있습니다. 이것은 이슬람교의 배후에 누가 있는지를 분명히 보여주는 것입니다. 바로 거짓말쟁이요 살인자인 그들의 아비 마귀입니다. 그러므로 이슬람교는 하나님의 대적 중 하나일 뿐이고 결코 하나님이 세운 참 종교가 아닙니다.

(3) 기독교에서 파생된 이단들은 모두 가짜다!

사도 바울과 요한은 이단에 대해 이렇게 경고했습니다.

디도서 3:10 "이단에 속한 사람을 한두 번 훈계한 후에 멀리하라."

요한이서 1:10 "누구든지 이 교훈을 가지지 않고 너희에게 나아가거든 그를 집에 들이지도 말고 인사도 하지 말라."

왜 우리가 이렇게 해야 할까요? 그것은 이단사설들이 뱀처럼 교활하기 때문입니다. 분별하기가 쉽지 않고 미혹되기 쉽기 때문입니다. 그러므로 여러분은 이단들의 설교를 아예 듣지 말고 아예 상종도 하지 마시기 바랍니다.

한편, 이단들 중 가장 악하고 참람한 것은 교주가 자신을 하나님 혹은 재림예수라고 주장하는 것들입니다. 우리나라에도 많은데 과거 통일교의 문선명, 천부교의 박태선, 요즘은 하나님의 교회의 장길자, 교도소에 들어가 있는 JMS의 정명석, 그리고 가장 악질적인 이단인 신천지의 이만희가 대표적입니다.

그런데, 우리는 그들과 우리 중 누가 옳은지 고민할 필요가 전혀 없습니다. 또, 그들과 논쟁할 필요가 전혀 없습니다. 왜냐하면 그들 중 누구도 아브라함과 이삭과 야곱의 후손인 유대인이 아니기 때문입니다. 더 나아가, 유다지파가 아니기 때문입니다. 이것만으로도 그들이 모두 가짜라는 것이 100% 확실하기 때문입니다.

이것은 단지 교주가 자기를 하나님 혹은 재림예수라고 주장하는 이단에게만 해당되는 것이 아닙니다. 모든 이단들에게 해당됩니다. 왜냐하면 참 종교는 절대로 유대인이 아닌 민족을 통해 세워질 수 없고, 유다지파가 아닌 사람을 통해 세워질 수가 없기 때문입니다. 이것을 명심하십시오. 그리하여 어떤 이단에게도 미혹되지 않는 여러분 되시기 바랍니다.

(4) 종교다원주의는 아무리 많은 사람이 지지해도 이단이다.

오늘날 세상이 복잡해지고 다원화되면서, 종교다원주의 역시 널리 그리고 쉽게 받아들여지고 있습니다. 가톨릭은 이미 오래 전에 선을 넘었습니다. 교황뿐 아니라 마더 테레사처럼 존경받는 인물도 예외가 아닙니다. 그래서 이방 종교와 다를 바가 없어졌습니다.

또, 개신교도 WCC나 NCCK가 심각한 수준입니다. 성공회, 감리교, 통합, 침례교, 순복음 교단도 전체는 아니지만 부분적으로 문제가 있습니다. 그리고 미래에는 더 심해질 것입니다.

그러나 아무리 많은 사람이 따른다 해도, 하나님이 택한 아브라함과 이삭과 야곱의 후손인 유대인 중 유다지파를 통해 생겨난 종교만이 우리를 지옥에서 건질 수 있는 유일한 참 종교입니다. 또, 그런 종교는 온 세상에 오직 기독교 하나뿐입니다. 이 사실은 절대로 변하지 않습니다. 그러므로 누가 뭐래도 종교다원주의는 명백히 이단이라는 것을 꼭 명심하시기 바랍니다.

(5) 동성애는 가증한 것이고 동성애자들은 지옥행이다!

예수님은 재림 전에 세상이 롯의 때처럼 된다고 미리 경고하셨습니다(눅 17:28). 소돔과 고모라는 동성애가 횡행했던 도시입니다(창 19:5, 유 1:7). 그러나 오래도록 절대로 그런 세상이 오지 않을 것 같았습니다. 우리가 어릴 때만 해도 그랬습니다. 그런데 한 세기도 지나기 전에 세상이 급변했습니다. 그 결과 오늘날 온 세상이 그 도시들처럼 되어가고 있습니다.

오늘날 동성애는 큰 문젯거리입니다. UN이나 IOC도 동성애를 조장하고 있고, 우리나라의 민주당과 전교조도 이와 궤를 같이 하고 있습니다. 할리우드는 물론이고 우리나라의 PD와 감독들도 영화나 연속극에서 걸핏하면 동성애를 연상케 하는 장면을 집어넣고 미화시키고 있습니다. 끊임없이 동성애를 반대하는 것은 편견이고 인정해야 편견이 없는 사람인 것처럼 국민을 세뇌시키고 있습니다.

그런데, 가장 어처구니가 없는 것은 교회입니다. 유럽과 캐나다는 말할 것도 없고, 미국도 동성애를 인정하고 심지어 목사안수까지 주는 이단적인 교단이 늘고 있습니다. 우리나라도 이단사냥꾼들의 소굴 뉴스앤조이가 김근주 교수를 인터뷰한 기사에 나타나 있듯이[35] 많은 이들이 동성애자들의 편에서 목소리를 내고 있습니다. 목사들과 신학자들 중에도 이런 자들이 있으니 청소년들과 청년들이 얼마나 헷갈리겠습니까? 그러므로 청소년들과 청년들은 특히 잘 들어주시기 바랍니다.

폐일언하고, 누가 뭐래도 동성애는 죄입니다. 또, 동성애자들은 모두 지옥에 갑니다. 편견이 아닙니다. 차별은 더욱 아닙니다. 팩트를 말하고 있을 뿐입니다. 그 결정적인 증거가 무엇일까요?

그것은 바로 우리가 지금까지 살펴본 "아브라함의 하나님, 이삭의 하나님, 야곱의 하나님"이라는 하나님의 이름입니다. 이 이름을 통해 우리는 구약시대를 위해 일으킨 유일한 참 종교가 유대교라는 것을 알았습니다. 그래서 유대교의 경전인 구약성경의 절대적인 권위를 인정하지 않을 수가 없습니다. 또, 이 이름을 통해 우리는 신약시대를 위해 일으킨 유일한 참 종교가 기독교라는 것을 알았습니다. 그래서 기독교의 경전인 신구약성경의 절대적인 권위를 인정하지 않을 수가 없습니다. 즉, 성경이 하나님의 말씀이요 절대적인 권위를 가지고 있다는 것을 인정할 수밖에 없습니다.

그런데 이처럼 절대적인 권위를 갖고 있는 성경이 동성애에 대

---

35 https://www.newsnjoy.or.kr/news/articleView.html?idxno=306743

해 뭐라고 말씀하는지 아십니까? 먼저, 구약성경은 동성애가 가증한 죄요 사형에 해당하는 죄라고 말씀합니다.

레위기 18:22 "너는 여자와 동침함 같이 남자와 동침하지 말라. 이는 가증한 일이니라."

레위기 20:13 "누구든지 여인과 동침하듯 남자와 동침하면 둘 다 가증한 일을 행함인즉 반드시 죽일지니 자기의 피가 자기에게로 돌아가리라."

또, 신약성경은 동성애가 지극히 비정상적인 것이고 지옥에 가게 만드는 죄라고 말씀합니다.

로마서 1:26-27 "이 때문에 하나님께서 그들을 부끄러운 욕심에 내버려 두셨으니 곧 그들의 여자들도 순리대로 쓸 것을 바꾸어 역리로 쓰며 그와 같이 남자들도 순리대로 여자 쓰기를 버리고 서로 향하여 음욕이 불 일듯 하매 남자가 남자와 더불어 부끄러운 일을 행하여 그들의 그릇됨에 상당한 보응을 그들 자신이 받았느니라."

| 표준새번역 | 고린도전서 6:9-10 "**불의한 사람들은 하나님 나라를 상속받지 못하리라는 것을 알지 못합니까? 착각하지 마십시오.** 음행을 하는 사람들이나, 우상을 숭배하는 사람들이나, 간음을 하는 사람들이나, **여성 노릇을 하는 사람들이나, 동성애를 하는 사람들이**

나, 도둑질하는 사람들이나, 탐욕을 부리는 사람들이나, 술 취하는 사람들이나, 남을 중상하는 사람들이나, 남의 것을 약탈하는 사람들은, **하나님 나라를 상속받지 못할 것입니다.**"

결정적이지요! 그러므로 동성애는 누가 뭐래도 죄요 가증한 것입니다. 또한, 동성애자는 회개하지 않으면 모두 영원한 지옥 불에 던져집니다. 그러므로 혹 여러분 중 동성애가 죄가 아니라고 생각하는 사람이 있다면 속히 그 생각을 버리십시오. 또, 혹시라도 동성애자가 있다면 속히 회개하고 그 더럽고 무서운 죄에서 돌이키시기 바랍니다.

한편, 슬프게도 동성애가 정상이고 죄가 아니라는 사탄의 거짓말은 점점 더 퍼져나갈 것입니다. 대세가 될 것입니다. 그리하여 목사들과 신자들 중에도 많은 사람이 여기에 편승하여 배교하여 지옥에 떨어지게 될 것입니다. 심히 안타깝고 두려운 일입니다. 그러므로 여러분 모두 오늘 들은 말씀에 깊이 뿌리를 내리십시오. 그리하여 절대 흔들리거나 미혹되지 않는 여러분 되시길 바랍니다.

마지막으로, 저는 생각하면 할수록 이 시리즈 설교의 중요성이 느껴집니다. 얼마나 중요한 책이 될지 너무 기대가 됩니다. 이 시대의 개신교를 위협하는 가장 무서운 적과 두통거리가 무엇입니까? 방금 설명한 다섯 가지입니다. 그런데 이 설교는 그것들이 참이 아니고 옳지 않다고 앵무새처럼 힘없이 되풀이하지 않습니다. 모두 가짜요 죄라는 것을 힘있고 완벽하게 드러냅니다.

한 편의 설교가 이처럼 이 시대의 기독교가 직면한 대표적인 문제들을 원 샷 올 킬! 하는 것이 있나요? 또, 그런 책이 있습니까? 제가 알기로는 없습니다. 그래서 저는 이 설교의 중요성이 점점 더 크고 무겁게 느껴집니다.

이 설교는 전도용으로 아주 좋습니다. 왜냐하면 기독교에 대한 최고의 변증 중 하나이기 때문입니다. 기독교가 유일한 참 종교요, 성경이 말하고 있는 것이 참 진리라는 결정적인 증거를 제공해주기 때문입니다. 그래서 다섯 가지에 대해 완전히 쐐기를 박고, 배우고 확신한 일에 거할 수 있게 해주기 때문입니다.

또, 이 설교는 다섯 가지에 미혹된 사람들을 옳은 데로 돌아오게 하는데 매우 효과적입니다.

또한, 이 설교는 초신자들에게도 매우 유용합니다. 여러분이 힘들게 전도한 초신자들이 얼마나 쉽게 그리고 자주 흔들립니까? 그런 분들이 기독교가 유일한 참 종교요 성경이 참 진리라는 절대적인 확신을 갖고 믿음에 깊이 뿌리내리게 해주기 때문입니다.

저는 이 설교가 영적인 종합예방주사와 같다고 생각합니다. 현재 미국에서는 이슬람교로 넘어가는 기독교인들이 많다고 합니다. 또, 우리나라에서는 신천지 등 이단으로 넘어가는 이들이 많습니다. 잘 믿다가 불교나 가톨릭으로 개종하는 이들도 있습니다. 바울이 적그리스도의 출현 전에 교회들이 배도하게 된다고 경고했음에도 불구하고 종교다원주의가 확산되고 있습니다. 특히, 동성애가 매우 심각합니다.

그런데, 이 설교는 이 다섯 가지에 미혹되어 지옥으로 가는 것을 막아주는 매우 효과적인 종합예방백신입니다. 그러므로 코로나19 때 모두가 코로나19 백신을 맞은 것처럼 저는 모든 기독교인이 이 설교를 들어야 한다고 생각합니다.

솔직히, 저는 역사상 오늘날만큼 기독교가 위기였던 적이 있나? 싶습니다. 강풍이 불어 나무가 흔들리고 가지가 꺾이는 정도가 아니라 기독교의 근본 뿌리가 흔들리고 있습니다. 유럽은, 이미 오래 전에 자유주의신학을 통해서 기독교의 뿌리가 뽑혀졌습니다. 그래서 예외로 치더라도, 오늘날 미국을 보십시오. 교회들이 동성애를 인정하고 있습니다. 이게 말이 됩니까? 기독교가 뿌리째 흔들리고 있는 것입니다.

대한민국은 그보다는 낫지만 서서히 잠식되고 있고 조짐이 좋지 않습니다. 그중 제가 가장 경악한 것은 이것입니다. WCC에 속한 교수나 목사들 중에는 비성경적이고 이단적인 별의별 사람들이 다 있습니다. 그런데 WCC 부산총회 때 그런 자들이 아니라 우리나라의 가장 대표적인 목사님들인 순복음교단의 가장 유명한 목사와 통합교단의 가장 유명한 목사와 침례교단의 가장 유명한 목사가 이구동성으로 지지하고 나섰습니다. 그것을 보고 저는 충격을 넘어 경악했습니다. 어떻게 예수님을 믿고 전하는 목사들이 성경의 절대적인 권위를 부정하고, 종교다원주의를 받아들이고, 동성애를 지지하는 자들과 한통속인 WCC를 지지할 수가 있습니까? 이것은 배교에 버금가는 행동입니다.

또, 현재 한국 교회의 목사들과 신자들을 보십시오. 구소련인 러시아, 중국, 북한 등 공산주의 국가들이 얼마나 잔인하게 기독교를 박해했습니까? 그런데도 목사와 신자라는 자들이 공산주의 사상에 물든 정당과 정치인들을, 그것도 동성애차별금지법을 집요하게 통과시키려는 반기독교적인 세력을 부끄러운 줄도 모르고 지지하고 있습니다. 그래서 나라가 완전 개차반입니다.

또한, 과거 한국 교회에는 주기철, 손양원, 최권능, 한상동 목사님 등 큰 인물들이 많았습니다. 그 후에도 뜨겁게 기도하고 성령 충만하여 초대형 교회들을 세운 큰 인물들이 계속해서 일어났습니다. 교회들은 놀랍게 부흥했고 각 교단의 세계에서 가장 큰 교회들이 우리나라에 몰려 있었습니다. 그런데 이상하게도 언제부터인가 더 이상 큰 인물들이 안 일어납니다.

생각해 보십시오. 초대형 교회를 세운 목사님들 중 매우 드물게 변질되지 않은 윤석전 목사님 이후 한국 교회에 누가 있습니까? 이렇다 할 큰 인물이 없습니다. 기독교 TV들을 보아도 딱 봐도 장사꾼 같고, 쇼하는 자들과 깊이 없는 설교들이 대부분이고 들을 만한 설교가 거의 없습니다. 불행히도, 이것은 세계적으로도 마찬가지입니다. 전과 달리 어느 나라를 보아도 손꼽을 만한 큰 인물이 보이질 않습니다. 그래서 저는 참으로 기독교가 뿌리째 흔들리고 있고 대위기라고 생각합니다. 또한, 그래서 이 설교가 매우 중요하다고 생각합니다.

- 이 설교는 기독교가 진짜라는 것을 확연히 드러냅니다.
- 기독교 외에 다른 종교가 다 가짜라는 것을 확연히 드러냅니다.
- 전 세계로 확산 중인 이슬람교가 가짜라는 것을 확연히 드러냅니다.

- 이단들이 다 가짜라는 것을 교주가 유대인이 아니라는 것을 통해 확연히 드러냅니다.
- 가장 헷갈리기 쉽고 미혹되기 쉬운 그래서 급속도로 퍼져나가는 종교다원주의가 명백한 이단이고, 동성애는 명백한 죄라는 것을 확연히 드러냅니다.

그래서 기독교가 뿌리째 흔들리고 있는 이 때, 성도들 개개인이 믿음의 뿌리를 견고하고 깊게 내리게 할 뿐 아니라 교회들이 믿음의 뿌리를 깊게 내리고 흔들리지 않게 해줍니다. 얼마나 필요하고 중요한 설교입니까? 그러므로 꼭 반복해서 듣고 소화하여 자기 것으로 만드십시오. 그리고 책이 나오면 꼭 구입해서 읽고 많은 분들에게 권해주시기 바랍니다.

결론을 말씀드리겠습니다. 저는 결론으로 꼭 필요한 두 가지를 말씀드리고자 합니다.

1. 오늘날은 왜 유대교가 아니라 기독교를 믿어야만 하는가?

하나님은 아브라함과 이삭과 야곱의 후손들을 통해 구약시대에는 유대교, 신약시대에는 기독교를 참 종교로 일으키셨습니다. 때문에 구약시대에는 유대인뿐 아니라 이방인도 룻과 라합과 나아만

장군처럼 유대교를 믿으면 구원받을 수 있었습니다. 그러나 지금은 예수님을 믿어야만 구원받고 천국에 갈 수가 있습니다. 유대교를 믿은 백부장 고넬료에게 천사가 나타나 베드로를 초청하여 복음을 듣고 구원받게 한 사건이 그 증거입니다(참조. 사도행전 10장).

그럼에도 불구하고, 어떤 분들은 저에게 이렇게 묻고 싶을 것입니다.

"왜 오늘날은 유대교가 아니라 기독교를 믿어야만 구원을 받습니까? 그것은 목사님이 기독교인이고 목사이기 때문에 하는 말 아닌가요?"

그러므로 왜 오늘날은 예수님을 믿어야만 구원받을 수 있는지 간단하게라도 설명해 드리고자 합니다.

(1) 지금은 예수님을 믿어야 구원받을 수 있는 이유는 예수님이 모세의 율법이 예표하는 것들의 실상이기 때문이다.

요한복음 1:29 "요한이 예수께서 자기에게 나아오심을 보고 이르되 **보라 세상 죄를 지고 가는 하나님의 어린 양이로다.**"(구약시대에 모세의 율법을 따라 드린 제물들은 모두 예수님을 예표한다.)

누가복음 24:27 "이에 **모세와 모든 선지자의 글로** 시작하여 모든 성경에 쓴 바 자기에 관한 것을 자세히 설명하시니라."

고린도전서 5:7 "너희는 누룩 없는 자인데 새 덩어리가 되기 위하여 묵은 누룩을 내버리라. **우리의 유월절 양 곧 그리스도께서 희생되셨느니라.**"

골로새서 2:16-17 "**그러므로 먹고 마시는 것과 절기나 초하루나 안식일을 이유로 누구든지 너희를 비판하지 못하게 하라. 이것들은 장래 일의 그림자이나 몸은 그리스도의 것이니라.**"(율법의 의식법은 그림자이고 예수님이 그 그림자를 만드는 몸 즉 실체라는 뜻이다.)

이처럼 율법의 예표들이 가리키는 것이 예수님이기 때문입니다.

(2) 지금은 예수님을 믿어야 구원받을 수 있는 이유는 선지자들의 메시아에 대한 예언이 모두 예수님을 통해 성취되었기 때문이다.

요한복음 5:39 "너희가 성경(구약성경)에서 영생을 얻는 줄 생각하고 성경을 연구하거니와 이 성경이 곧 내게 대하여 증언하는 것이니라."

고린도전서 15:3-4 "내가 받은 것을 먼저 너희에게 전하였노니 **이는 성경(구약성경)대로 그리스도께서 우리 죄를 위하여 죽으시고 장사지낸 바 되셨다가 성경(구약성경)대로 사흘 만에 다시 살아나사**"

고린도후서 1:20 "**하나님의 약속(구약성경의 예언을 통해 한 약속)**

은 얼마든지 그리스도 안에서 예가 되니 그런즉 그로 말미암아 우리가 아멘 하여 하나님께 영광을 돌리게 되느니라."

역사상 구약의 메시아에 대한 예언이 한 사람 안에서 마치 촘촘한 모자이크처럼 이렇듯 정교하게 이루어진 적이 있습니까? 없습니다. 그러므로 예수님이 하나님이 약속하신 메시아입니다. 또, 예수님 이후 2천 년이 넘도록 성경의 예언들과 일치하는 메시아가 이스라엘에서 나타났나요? 안 나타났습니다. 그러므로 이제 유대인들도 예수님이 메시아이고 기독교가 하나님이 세운 유일한 참 종교라는 것을 받아들여야 합니다.

(3) 지금은 예수님을 믿어야 구원받을 수 있는 이유는 기독교가 하나님이 함께하시는 유일한 종교이기 때문이다.

유대인들은 아직도 그 얼굴에 수건이 덮여 있습니다. 그래서 제가 앞에서 설명한 두 가지를 인정하지 않습니다(고후 3:13-16). 그렇더라도 그들과 골치 아프게 복잡한 논쟁을 벌일 필요가 없습니다. 왜냐하면 한 방에 다 해결이 되기 때문입니다.

2대지에서 저는 하나님이 이스마엘이 아니라 이삭을 택하셨으므로 이슬람교가 아니라 구약시대에는 유대교가 참 종교라고 했습니다. 그러면서 그것을 증명하기 위해 선지자가 이삭과 이스마엘 중 누구의 후손에서 일어났느냐고 물었습니다. 당연히 이삭의 후손이지요. 이것은 이슬람교가 하나님이 세운 참 종교가 아니라는 객관적이고 결정적인 증거입니다.

그런데, 우리는 똑같은 잣대를 유대교에도 들이댈 수 있습니다. 구약시대에는 유대교에서 선지자들이 일어났습니다. 그런데 신약시대에는 구약의 선지자에 비할 수 있는 사도와 선지자들이 어느 종교에서 일어났나요? 놀랍게도, 유대교가 아닙니다! 더 이상, 유대교에서는 선지자가 일어나지 않고 있습니다. 세례 요한 이후 지금까지 무려 2천 년이 넘도록 선지자가 단 한 명도 일어나지 않았습니다. 만약 그들이 세례 요한을 선지자로 인정하지 않는다면, 말라기 이후 지금까지 무려 2천4백 년이 넘도록 선지자가 단 한 명도 일어나지 않은 것입니다. 여러분, 이상하지 않나요?

실은, 유대교에서는 더 이상 선지자가 일어날 수 없습니다. 왜냐하면 신약시대에는 기독교가 하나님이 인정하시는 유일한 참 종교이고, 예수님을 믿는 자들에게만 성령이 임하시기 때문입니다(갈 3:13-14). 오순절 성령강림뿐 아니라, 유대교인이었던 고넬료가 베드로를 초청해서 설교를 들을 때 성령이 임한 것이 그 증거입니다. 이처럼 예수님을 믿지 않는 유대교인들에게는 성령이 임하시지 않고 그 결과 선지자가 일어날 수 없습니다.

반면에, 기독교에서는 열두 사도와 바울 이후에도 계속 수많은 사도와 선지자들이 일어났습니다. 그들을 통해 성경에 나오는 것 같은 기적들이 수없이 일어났고 지금도 일어나고 있습니다. 이것은 유대교에서 기독교로 촛대가 옮겨졌다는 것을 보여주는 누구도 부인할 수 없는 결정적인 증거입니다.

한편, 저는 이것이 증거라는 것을, 처음 이 설교가 주어질 때 제

영으로 알았습니다. 그리고 설교를 준비하다가 이것이 단지 개인적인 깨달음이 아니라 지극히 성경적이라는 것을 발견했습니다. 그것을 서론과 1대지를 설명할 때 사용한 사도행전 3장을 통해서 발견했습니다.

그 장에서 베드로는 한 번 설교로 3천 명을 회개시킨 데 이어 한 번에 5천 명을 회개시켰습니다. 그 출발점은 성전 미문에서 구걸하던 앉은뱅이를 고친 기적입니다. 이 기적을 보고 몰려온 사람들에게 베드로는 이렇게 말했습니다.

사도행전 3:13 **"아브라함과 이삭과 야곱의 하나님 곧 우리 조상의 하나님이 그의 종 예수를 영화롭게 하셨느니라."**

F. F. 브루스가 말한 대로 이것은 "예수님이 영화롭게 되셨기 때문에 그 앉은뱅이가 치유되었다"[36]는 뜻입니다. 그리고 예수님을 영화롭게 하셨다는 것은 15절에 기록되어 있듯이 하나님께서 예수님을 다시 살리신 것을 뜻합니다. 부활을 통해 영화롭게 하셨다는 뜻입니다.

또, 예수님이 승천하여 하나님 우편 보좌에 앉으셨다는 뜻입니다. 그리하여 아버지께 성령을 받아서 교회에 부어주셨다는 뜻입니다. 그 결과로 이 기적이 일어난 것이기 때문입니다. 그러므로 이 기적은 결국 예수님이 누구인지를 보여주는 증거입니다. 또, 하

---

[36] F. F. 브루스 『NICNT 사도행전』 김장복 옮김. 서울: 부흥과개혁사, 2017. p. 112.

나님이 아브라함과 이삭과 야곱의 후손을 통해 천하 만민에게 복을 주기 위해 예수님을 그리스도로 보내셨다는 증거입니다. 다시 말해서, 기독교가 유일한 참 종교라는 증거입니다. 그것을 우리는 다음 구절들을 통해 반복 확인할 수 있습니다.

사도행전 1:8 "오직 성령이 너희에게 임하시면 너희가 권능을 받고 **예루살렘과 온 유대와 사마리아와 땅 끝까지 이르러 내 증인이 되리라** 하시니라."

마가복음 16:15-18 "또 이르시되 **너희는 온 천하에 다니며 만민에게 복음을 전파하라**. 믿고 세례를 받는 사람은 구원을 얻을 것이요 믿지 않는 사람은 정죄를 받으리라. **믿는 자들에게는 이런 표적이 따르리니 곧 그들이 내 이름으로 귀신을 쫓아내며 새 방언을 말하며 뱀을 집어올리며 무슨 독을 마실지라도 해를 받지 아니하며 병든 사람에게 손을 얹은즉 나으리라** 하시더라."

고린도전서 2:1-5 "형제들아 **내가 너희에게 나아가 하나님의 증거를 전할 때에 말과 지혜의 아름다운 것으로 아니하였나니** 내가 너희 중에서 예수 그리스도와 그가 십자가에 못 박히신 것 외에는 아무 것도 알지 아니하기로 작정하였음이라. 내가 너희 가운데 거할 때에 약하고 두려워하고 심히 떨었노라. **내 말과 내 전도함이 설득력 있는 지혜의 말로 하지 아니하고 다만 성령의 나타나심과 능력으로 하여 너희 믿음이 사람의 지혜에 있지 아니하고 다만 하나님의 능력에**

있게 하려 하였노라."

히브리서 2:3-4 "우리가 이같이 큰 구원을 등한히 여기면 어찌 그 보응을 피하리요. 이 구원은 처음에 주로 말씀하신 바요. 들은 자들이 우리에게 확증한 바니 하나님도 표적들과 기사들과 여러 가지 능력과 및 자기의 뜻을 따라 성령이 나누어 주신 것으로써 그들과 함께 증언하셨느니라."

어떻습니까? 지금은 기독교에서만 선지자 같은 사람들이 일어나고 성경에 나오는 놀라운 기적들이 일어나는 것 자체가 기독교가 유일한 참 종교라는 것에 대한 결정적인 증거가 맞지요!

다시 말하지만, 유대교에서는 2천 년이 넘도록 선지자도 기적도 전혀 일어나지 않았습니다. 그러나 기독교에서는 예수님 이후에도 계속 수많은 사도와 선지자들이 일어나고, 그들을 통해 수많은 기적이 일어났습니다. 그 간증들이 산더미처럼 쌓여 있고, 다 소개하는 것이 불가능합니다. 그러나 저는 그중 극히 일부를 소개해 드리고자 합니다.

성경에 보면, 예수님께서 물로 포도주를 만드셨습니다. 그런데 인도네시아 부흥 때 여러 번 물이 포도주로 변하는 기적이 일어났습니다.[37] 또, 예수님이 일으킨 오병이어의 기적처럼 하이디

---

37 멜 태리 『급하고 강한 바람처럼』 정운교 옮김. 인천: 임마누엘, 1991. pp. 101-108.
쿠르트 코흐 『20세기 사도행전 인도네시아 부흥 이야기』 군포: 하늘씨앗, 2017. pp. 172-178.

베이커의 사역에서 음식이 불어나는 기적이 여러 번 일어났습니다.[38] 엘리야라는 수도사와[39] 인도네시아 부흥 때도 같은 기적이 일어났습니다.[40] 또, 예수님처럼 중국의 유명한 전도자 마마쾅은 바다 위를 걸었고[41], 멜 태리의 책에도 전도팀이 깊은 강을 걸어서 건넌 것이 나옵니다.[42] 또한, 예수님처럼 죽은 자를 23명이나 살린 스미스 위글스워스[43]를 비롯해서 다 열거하기 힘들 정도로 많은 하나님의 종들이 죽은 자를 살렸습니다.[44] 마헤시 챠브다 목사님도 5명 이상 죽은 자를 살렸습니다.[45] 이외에도, 데이비드 피치스는 『능력 은사』라는 책에서 예수 이름으로 죽은 자를 살

---

38 롤랜드&하이디 베이커 『항상 부족함이 없으리로다!』 박선규 옮김. 서울: 순전한 나드, 2004. pp. 62-67.
  멜&노나 태리 『예수님의 은은한 사랑의 바람』 정윤교 옮김. 서울: 임마누엘, 1987. 161-164.
  하이디 베이커·샤라 리아 프라든 『사랑이 강권하시도다』 방원선 옮김. 과천: WLI Korea, 2008. pp. 30-31, 100-101, 103-105, 118-121, 175-176, 181-183.
  샨 볼츠 『천국 경제의 열쇠』 김주성 옮김. 서울: 순전한 나드, 2006. pp. 85-87.

39 팔라디우스 『초대 사막 수도사들의 이야기』 엄성옥 옮김. 서울: 은성, 2009. p. 173.

40 멜 태리 『급하고 강한 바람처럼』 정운교 옮김. 인천: 임마누엘, 1991. pp. 58-60.
  쿠르트 코흐 『20세기 사도행전 인도네시아 부흥 이야기』 군포: 하늘씨앗, 2017. pp. 112-113.

41 https://blog.naver.com/lightson300/221401554406

42 멜 태리 『급하고 강한 바람처럼』 정운교 옮김. 인천: 임마누엘, 1991. pp. 54-58.
  쿠르트 코흐 『20세기 사도행전 인도네시아 부흥 이야기』 군포: 하늘씨앗, 2017. pp. 172-178.

43 알버트 히버트 『스미스 위글스워스 그 능력의 비밀』 김유진 옮김. 서울: 은혜출판사, 1996. pp. 37-38, 60-62, 113-114.

44 프랭크 J. 에와르트 『20세기의 오순절』 박선교 옮김. 서울: 보이스, 1976. pp. 148-150, 171-175.
  로버츠 리아돈 『치유 사역의 거장들』 박미가 옮김. 서울: 은혜, 2003. pp. 578-579, 586-587, 605-606.
  멜 태리 『급하고 강한 바람처럼』 정운교 옮김. 인천: 임마누엘, 1991. pp. 95-101.
  피터 와그너 『제3의 바람』 정운교 옮김. 서울: 하늘기획, 2000. pp. 83-84, 145-146, 178-183.
  존 윔버 『능력 전도』 이재범 옮김. 서울: 나단, 1993. pp. 243-244.
  쿠르트 코흐 『20세기 사도행전 인도네시아 부흥 이야기』 군포: 하늘씨앗, 2017. pp. 117-118.
  라인하르트 본케 『성령의 은사와 능력』 안준호 옮김. 서울: 서울말씀사, 1997. pp. 29-30.

45 마헤시 차브다 『사랑만이 기적을 만든다.』 예영수 옮김. 서울: 예루살렘, 1997. pp. 13-15.

린 수많은 간증들을 소개했습니다.[46] 그러나 그것도 일부일 뿐입니다.

또, 치유의 기적들이 지금도 성령 충만한 많은 교회에서 계속 일어나고 있고, 우리 교회의 "사랑하는 사람들" 모임과 아프리카 선교 현장에서도 놀라운 기적들이 일어나고 있습니다. 암 덩어리가 즉각 사라지고, 태어날 때부터 눈 먼 자가 보고, 문둥병자가 깨끗하게 되고, 귀가 열리고, 걷지 못하는 사람이 걷고, 현대 의학으로 고칠 수 없는 각종 불치병들이 치유되는 기적들이 일어납니다. 그러므로 유대교에서 기독교로 촛대가 옮겨진 것이 참으로 불을 보듯 자명하지 않습니까?

1대지에서, 저는 하나님께서 자신이 세운 참 종교와 함께하신다고 했습니다. 그래서 참 종교에는 엄청난 기적들이 일어났다고 했습니다. 당연한 말일 뿐 아니라 유대교의 경전인 구약성경이 그 증거입니다! 그러므로 당연히 신약시대에도 하나님이 참 종교와 함께하시고 기적이 일어나야 합니다. 그런데, 이미 설명해드린 것처럼, 타종교에서는 간헐적으로 어설픈 기적만 일어나고 성경에 나오는 것 같은 기적이 안 일어납니다. 또, 유대교에서는 기적이 전혀 안 일어납니다. 그러나 기독교에서는 하나님만이 하실 수 있는 성경에 나오는 것과 같은 놀라운 기적들이 계속해서 일어나고 있습니다. 그러므로 이 사실에 주목하십시오. 그리하여 어느 종교가 참 종교인지 깨닫는 여러분 되시기 바랍니다.

---

46 데이비드 피치스 『능력 은사』 이재범 옮김. 서울: 나단, 1995. pp. 347-357.

사랑하는 여러분, 교리나 의식이나 지도자는 어느 종교든 가질 수 있습니다. 그러나 삼위일체 중 한 분인 성령님은 참 종교에만 임하십니다. 참 종교만 하나님을 모실 수 있습니다. 그 결과 참 종교에서만 엄청난 기적들이 일어납니다. 이것이 참 종교의 특징이고 참 종교라는 것을 보여주는 증거입니다. 그러므로 이것을 통해 기독교가 유일한 참 종교라는 사실에 더 늦기 전에 눈을 뜨십시오. 그리고 예수님을 믿고 구원받아서 반드시 천국에 가는 여러분 되시기 바랍니다.

2. 하나님은 '나의 하나님'인가? 아니면 '당신의 하나님'인가?

하나님은 창조주이시고, 유일신이시며, 지존자이십니다. 또, 스스로 있는 분이고, 부족한 것이 전혀 없는 분입니다. 그런데 왜 이런 존귀한 하나님의 이름에 사람 이름이 들어가 있을까요? 그것도 세 명씩이나 들어가 있을까요? 왜 하나님의 이름이 "아브라함의 하나님, 이삭의 하나님, 야곱의 하나님"이실까요?

이 이름은 우리에게 하나님의 마음을 보여줍니다. 즉, 하나님과 사람의 불가분의 관계를 보여줍니다. 한마디로, 하나님이 우리 하나님 즉 아버지가 되기 원하신다는 것을 보여줍니다.

하나님은 사랑이십니다.

요한일서 4:8 "사랑하지 아니하는 자는 하나님을 알지 못하나니 이는 하나님은 사랑이심이라."

요한일서 4:16 "하나님이 우리를 사랑하시는 사랑을 우리가 알고 믿었노니 **하나님은 사랑이시라.**"

요한복음 3:16 "**하나님이 세상을 이처럼 사랑하사 독생자를 주셨으니** 이는 그를 믿는 자마다 멸망하지 않고 영생을 얻게 하려 하심이라."

요한일서 3:1 "보라! 아버지께서 어떠한 사랑을 우리에게 베푸사 하나님의 자녀라 일컬음을 받게 하셨는가?"

또한, 하나님은 구주이십니다.
약간 생경하겠지만 예수님뿐 아니라 하나님도 우리 구주이십니다.

누가복음 1:47 "내 마음이 **하나님 내 구주**를 기뻐하였음은"

디모데전서 1:1 "**우리 구주 하나님**과 우리의 소망이신 그리스도 예수의 명령을 따라 그리스도 예수의 사도 된 바울은"

디모데전서 2:3 "이것이 **우리 구주 하나님** 앞에 선하고 받으실 만한 것이니"

디도서 1:3 "이 전도는 **우리 구주 하나님**이 명하신 대로 내게 맡기신 것이라."

디도서 2:10 "이는 범사에 **우리 구주 하나님**의 교훈을 빛나게 하려 함이라."

디도서 3:4 "**우리 구주 하나님**의 자비와 사람 사랑하심이 나타날 때에"

유다서 1:25 "곧 **우리 구주 홀로 하나이신 하나님**께 우리 주 예수 그리스도로 말미암아 영광과 위엄과 권력과 권세가 영원 전부터 이제와 영원토록 있을지어다. 아멘!"

이와 같이 하나님은 사랑이실 뿐 아니라 우리 구주이십니다. 때문에 하나님은 구약시대에는 유대교, 신약시대에는 기독교를 세워서 천하 만민을 구원하기 원하셨습니다. 이것을 위해, 먼저 하나님은 아브라함을 택하고 아브라함의 하나님이 되셨습니다. 또, 이삭을 택하고 이삭의 하나님이 되셨습니다. 또한, 야곱을 택하고 야곱의 하나님이 되셨습니다. 그 후 "아브라함의 하나님, 이삭의 하나님, 야곱의 하나님"을 자신의 영원한 이름으로 삼으셨습니다.

여기서 묻겠습니다. 왜 하나님은 아브라함과 이삭과 야곱을 택하시고 세 사람의 하나님이 되셨을까요?

잘 들으십시오! 그것은 구약시대에 유대교를 통해 하나님을 믿고 경외하는 모든 사람들의 하나님이 되기 원하셨기 때문입니다. 또, 신약시대에 기독교를 통해 하나님을 믿고 순종하는 모든 그리스도인들의 하나님이 되기 원하셨기 때문입니다. 놀랍게도, 결국 하나님은 여러분과 저의 하나님이 되어주시기 위해 아브라함과 이삭과 야곱을 택하시고 그들의 하나님이 되신 것입니다. 이것이 이 이름에 담겨져 있는 가장 고귀한 하나님의 뜻입니다. 할렐루야!

우리는 하나님의 이름에 담겨 있는 하나님의 이 뜻을 귀히 여겨야 합니다. 또, 이 뜻을 거스르지 말아야 합니다. 왜냐하면 하나님이 아브라함의 하나님, 이삭의 하나님, 야곱의 하나님에서 끝나면 우리 모두 지옥행이기 때문입니다. 하나님은 그들의 하나님일 뿐 아니라 나의 하나님이 되셔야 합니다. 그래야 천국행입니다. 그러므로 우리 모두 꼭 하나님이 나의 하나님이 되시게 해야 합니다.

구약성경에 보면, 기브온 주민들이 여호수아를 찾아와서 이렇게 말했습니다.

여호수아 9:9 "그들이 여호수아에게 대답하되 종들은 **당신의 하나님** 여호와의 이름으로 말미암아 심히 먼 나라에서 왔사오니"

여호수아 9:24 "그들이 여호수아에게 대답하여 이르되 **당신의 하나님** 여호와께서 그의 종 모세에게 명령하사 이 땅을 다 당신들에게 주고 이 땅의 모든 주민을 당신들 앞에서 멸하라 하신 것이 당신의 종들에게 분명히 들리므로 당신들로 말미암아 우리의 목숨을 잃을까 심히 두려워하여 이같이 하였나이다."

이것은 이해가 되는 상황입니다. 기브온 주민들은 하나님을 믿지 않는 이방인들이기 때문입니다.
또, 성경에 보면 하나님을 믿는 이스라엘 백성들이 여호수아에게 이렇게 말했습니다.

여호수아 1:17 "우리는 범사에 모세에게 순종한 것 같이 당신에게 순종하려니와 오직 **당신의 하나님** 여호와께서 모세와 함께 계시던 것 같이 당신과 함께 계시기를 원하나이다."

그러나 아직은 중립적입니다. 여호수아를 존경하고 존중한 것으로 볼 수가 있기 때문입니다.
그런데, 선민인 이스라엘 백성과 심지어 이스라엘의 초대 왕 사울이 사무엘에게 이렇게 말한 것은 너무도 불행한 일입니다.

사무엘상 12:19 "모든 백성이 사무엘에게 이르되 당신의 종들을 위하여 **당신의 하나님** 여호와께 기도하여 우리가 죽지 않게 하소서."

사무엘상 15:15 "사울이 이르되 그것은 무리가 아말렉 사람에게서 끌어 온 것인데 백성이 **당신의 하나님** 여호와께 제사하려 하여 양들과 소들 중에서 가장 좋은 것을 남김이요."

사무엘상 15:21 "다만 백성이 그 마땅히 멸할 것 중에서 가장 좋은 것으로 길갈에서 **당신의 하나님** 여호와께 제사하려고 양과 소를 끌어 왔나이다."

사무엘상 15:30 "사울이 이르되 내가 범죄하였을지라도 이제 청하옵나니 내 백성의 장로들 앞과 이스라엘 앞에서 나를 높이사 나와 함께 돌아가서 내가 **당신의 하나님** 여호와께 경배하게 하소서."

둘 다 그 앞에 나오는 사건이 좋지 않고 심각합니다. 또, 이렇게 말한 사울과 이스라엘 백성 중 많은 이들이 지옥에 갔습니다. 참으로 두려운 일이지요! 그러므로 우리는 절대로 하나님이 아브라함의 하나님, 이삭의 하나님, 야곱의 하나님 또는 여호수아의 하나님, 사무엘의 하나님, 엘리야의 하나님으로 끝나게 하면 안 됩니다. 반드시 하나님을 "나의 하나님"(출 15:2, 요 20:28, 빌 1:3)이 되시게 해야 합니다.

그럼 어떻게 해야 아브라함의 하나님, 이삭의 하나님, 야곱의 하나님을 나의 하나님이 되시게 할 수 있을까요? 알고 싶으시지요! 지금부터 그 비결을 가르쳐 드리겠습니다.

(1) 죄를 회개하고 예수님을 임금과 구주로 영접해야 한다.

구약시대이든 신약시대든 하나님을 나의 하나님이 되게 할 수 있는 방법은 하나입니다. 하나님이 인류 구원을 위해서 세운 참 종교를 믿어야 합니다. 그래야 하나님이 나의 하나님이 되어 주십니다. 다음 두 구절에 그 점이 잘 나타나 있습니다.

신명기 29:10-13 "**오늘** 너희 곧 너희의 수령과 너희의 지파와 너희의 장로들과 너희의 지도자와 이스라엘 모든 남자와 너희의 유아들과 너희의 아내와 및 네 진중에 있는 객과 너를 위하여 나무를 패는 자로부터 물 긷는 자까지 **다 너희의 하나님 여호와 앞에 서 있는 것은 네 하나님 여호와의 언약에 참여하며 또 네 하나님 여호와께서 오늘 네게 하시는 맹세에 참여하여** 여호와께서 네게 말씀하신 대로 또 네 조상 아브라함과 이삭과 야곱에게 맹세하신 대로 **오늘 너를 세워 자기 백성을 삼으시고 그는 친히 네 하나님이 되시려 함이니라.**"

룻기 1:16 "룻이 이르되 **내게 어머니를 떠나며 어머니를 따르지 말고 돌아가라 강권하지 마옵소서.** 어머니께서 가시는 곳에 나도 가고 어머니께서 머무시는 곳에서 나도 머물겠나이다. **어머니의 백성이 나의 백성이 되고 어머니의 하나님이 나의 하나님이 되시리니**"

하나님은 하나님이 세운 참 종교를 믿는 자들의 하나님입니다. 그런데, 구약시대에는 유대교가 있었지만 신약시대에는 기독교가 하나님이 인정하는 유일한 참 종교입니다. 때문에 선택의 여지가 없습니다. 반드시 예수님을 믿어야 합니다. 그러므로 지금 당장 예수님을 임금과 구주로 모셔 들이십시오. 그리하여 하나님을 나의 하나님으로 삼으시기 바랍니다.

(2) 교회에 다닐 뿐 아니라 이 세상에서 영적인 나그네로 살아야 한다.

서론에서 저는 "아브라함의 하나님, 이삭의 하나님, 야곱의 하나님"이라는 하나님의 이름 안에 세 가지 의미가 들어 있다고 했습니다.

첫째로, 이 이름 안에는 유일신이신 참 하나님은 유대인의 조상 아브라함과 이삭과 야곱이 섬긴 하나님이라는 뜻이 들어 있습니다.

둘째로, 이 이름 안에는 하나님과 하나님을 믿는 신자와의 관계가 죽음 후에도 계속되고, 그들을 위해 천국과 부활과 영생이 예비되어 있다는 뜻이 들어 있습니다.

셋째로, 이 이름 안에는 아브라함과 이삭과 야곱의 후손을 통해서 일어나는 종교가 참 하나님이 세우신 인류를 구원할 수 있는 유일한 참 종교라는 뜻이 들어 있습니다.

그런데, 후에 저는 이 이름 안에 한 가지 뜻이 더 있다는 것을 발견했습니다. 다음 구절을 통해서였습니다.

히브리서 11:16 **"하나님이 그들의 하나님이라 일컬음 받으심을 부끄러워하지 아니하시고 그들을 위하여 한 성을 예비하셨느니라."**

이 중 "그들의 하나님"이라는 표현에 주목하십시오. 과연 "그들"이 누구일까요?

얼핏 보면 앞에 나오는 믿음의 위인들 전체 같지만, 문맥을 살피면 "많은 민족의 어머니가 되리라"는 약속을 받은 사라를 포함하여 아브라함과 이삭과 야곱을 가리킨다는 것을 알 수 있습니다. 그러므로 "그들의 하나님"은 곧 "아브라함의 하나님 이삭의 하나님 야곱의 하나님"이라는 뜻입니다. 이것을 통해서 저는 "아브라함의 하나님 이삭의 하나님 야곱의 하나님"에 대한 구절이 하나가 더 있다는 것을 알았습니다.

그런데, 성경 저자가 아브라함과 이삭과 야곱에 대해 뭐라고 말했습니까?

히브리서 11:8-16 "믿음으로 **아브라함**은 부르심을 받았을 때에 순종하여 장래의 유업으로 받을 땅에 나아갈새 갈 바를 알지 못하고 나아갔으며 믿음으로 그가 이방의 땅에 있는 것 같이 약속의 땅에 거류하여 동일한 약속을 유업으로 함께 받은 이삭 및 야곱과 더불어 장막에 거하였으니 이는 그가 하나님이 계획하시고 지으실 터가 있는 성을 바랐음이라. 믿음으로 사라 자신도 나이가 많아 단산하였으나 잉태할 수 있는 힘을 얻었으니 이는 약속하신 이를 미쁘신 줄 알았음이라. 이러므로 죽은 자와 같은 한 사람으로 말미암아 하늘의 허다한 별과 또 해변의 무수한 모래와 같이 많은 후손이 생육하였느니라. 이 사람들은 다 믿음을 따라 죽었으며 약속을 받지 못하였으되 그것들을 멀리서 보고 환영하며 또 땅에서는 외국인과 나그네임을 증언하였으니 그들이 이같이 말하는 것은 자기들이 본향 찾는 자임을 나타냄이라. 그들이 나온바 본향을 생각하였더라면 돌아갈 기회가 있었으려니와 그들이 이제는 더 나은 본향을 사모하니 곧 하늘에 있는 것이라. …"

그 후에 비로소 "이러므로 하나님이 그들의 하나님이라 일컬음 받으심을 부끄러워하지 아니하시고 그들을 위하여 한 성을 예비하셨느니라."(히 11:16)라고 했습니다. 이로 보건대, 하나님께서 "그들의 하나님"이 되신 이유는 그들이 본향을 사모하고 이 땅에서 나그네처럼 살았기 때문입니다. 따라서 우리가 하나님을 나의 하나님이 되시게 하려면 그들처럼 이 땅에서 나그네로 살아가야 합니다. 어떻습니까? 참으로 사활적으로 중요한 진리지요!

그런데, 안타깝게도 많은 설교자들이 구원론을 설명할 때 로마서 4장에 나오는 이신칭의만 강조합니다. 또, 칭의 즉 구원에 대해 한 번 구원은 영원한 구원이고 절대로 버림받지 않는다고 가르칩니다. 그래서 그런 교회에서 신앙생활하는 목사나 신자들의 전부는 아니지만, 그중 다수가 죄 가운데 살다가 지옥에 가는 비극이 벌어지고 있습니다.

우리는 절대로 그 전철을 밟지 말아야 합니다. 그들이 아니라 아브라함과 이삭과 야곱처럼 영적인 나그네로 살아가야 합니다. 왜냐하면 하나님은 오직 그런 자들의 하나님이고 그들만 천국에 가기 때문입니다.

그럼 우리에게 절대적으로 필요한 나그네로 사는 것은 구체적으로 무엇일까요? 즉, 어떻게 사는 것이 나그네로 사는 것일까요?

간단합니다! 그것은 다른 것이 아니라, 나그네가 본향을 향해

가듯이 영원한 본향 천국을 목표로 사는 것입니다. 즉, 보이는 세상이 전부가 아니라는 것을 깨닫고 천국에 갈 수 있도록 준비하며 사는 것입니다. 이것이 곧 나그네로 사는 것입니다. 더 구체적으로 설명하면, 나그네로 산다는 것은 다음과 같은 것입니다.

1) 예수님의 설교 산상수훈대로 살아가는 것이다.

여러분, 팔복이 왜 복일까요? 그 이유는 처음부터 끝까지 천국이 그들의 것이라는 약속 때문입니다(마 5:3-12). 바울이 말한 "아브라함의 복"이 칭의를 뜻하듯이 진짜 복은 부나 명예나 권세가 아닙니다. 구원입니다! 이것이 우리가 반드시 받고 절대 놓쳐서는 안 되는 천하보다 귀한 최고의 복입니다.

또, 우리가 서기관과 바리새인보다 나은 의를 가져야 하는 이유가 무엇일까요? 그것은 그것이 없으면 결코 천국에 들어갈 수 없기 때문입니다(마 5:20).

이로 보건대, 산상수훈은 단지 뛰어난 교훈이 아닙니다. 우리를 천국으로 인도하는 생명의 좁은 길입니다. 이 길이 아무리 좁고 험해도 우리 모두 반드시 이 길을 끝까지 걸어가야 합니다. 그것이 곧 나그네로 사는 것입니다.

2) 바울처럼 천국을 목표로 삼고 몸을 쳐서 복종시키는 것이다.

바울도 이 세상을 영적인 나그네로 살았습니다. 그것이 다음 성구들에 분명히 나타나 있습니다.

고린도후서 4:18 **"우리가 주목하는 것은 보이는 것이 아니요 보이지 않는 것이니 보이는 것은 잠깐이요 보이지 않는 것은 영원함이라."**

빌립보서 3:10-14 "내가 그리스도와 그 부활의 권능과 그 고난에 참여함을 알고자 하여 그의 죽으심을 본받아 **어떻게 해서든지 죽은 자 가운데서 부활에 이르려 하노니** 내가 이미 얻었다 함도 아니요 온전히 이루었다 함도 아니라 오직 내가 그리스도 예수께 잡힌 바 된 그것을 잡으려고 달려가노라. 형제들아 나는 아직 내가 잡은 줄로 여기지 아니하고 오직 한 일 즉 뒤에 있는 것은 잊어버리고 앞에 있는 것을 잡으려고 푯대를 향하여 그리스도 예수 안에서 하나님이 **위에서 부르신 부름의 상(궁극적인 구원)을 위하여 달려가노라."**

고린도전서 9:23-27 "내가 복음을 위하여 모든 것을 행함은 **복음에 참여하고자 함이라.** 운동장에서 달음질하는 자들이 다 달릴지라도 오직 상을 받는 사람은 한 사람인 줄을 너희가 알지 못하느냐? 너희도 상을 받도록 이와 같이 달음질하라. 이기기를 다투는 자마다 모든 일에 절제하나니 그들은 썩을 승리자의 관을 얻고자 하되 **우리는 썩지 아니할 것을 얻고자 하노라.** 그러므로 나는 달음질하기를 향방 없는 것 같이 아니하고 싸우기를 허공을 치는 것 같이 아니하며 **내가 내 몸을 쳐 복종하게 함은 내가 남에게 전파한 후에 자신이 도리어 버림을 당할까 두려워함이로다."**

이와 같이 세상 것이 아니라 궁극적인 구원을 목표로 삼고 자기

몸을 쳐서 복종시키며 사는 것이 곧 나그네로 사는 것입니다. 우리 모두 평생 이렇게 살아야 합니다. 그래야 버림받아 지옥에 가지 않고 천국에 갈 수 있기 때문입니다.

3) 베드로가 권한 대로 육체의 정욕을 제어하고 거룩한 행실과 경건함으로 하나님의 날이 임하기를 사모하며 사는 것이다.

베드로도 이 세상을 나그네로 살았고, 성도들에게 그들이 나그네라는 것을 틈틈이 상기시켰습니다.

베드로전서 1:17 "외모로 보시지 않고 각 사람의 행위대로 심판하시는 이를 너희가 아버지라 부른즉 너희가 나그네로 있을 때를 두려움으로 지내라."

베드로전서 2:11 "사랑하는 자들아! 거류민과 나그네 같은 너희를 권하노니 영혼을 거슬러 싸우는 육체의 정욕을 제어하라."

또, 베드로는 나그네로 사는 것이 어떤 것인지 다음과 같이 잘 설명했습니다.

베드로후서 3:10-14 "그러나 주의 날이 도둑 같이 오리니 그 날에는 하늘이 큰 소리로 떠나가고 물질이 뜨거운 불에 풀어지고 땅과 그 중에 있는 모든 일이 드러나리로다. 이 모든 것이 이렇게 풀어지리니 너희가 어떠한 사람이 되어야 마땅하냐? 거룩한 행실과 경건함

으로 하나님의 날이 임하기를 바라보고 간절히 사모하라. 그 날에 하늘이 불에 타서 풀어지고 물질이 뜨거운 불에 녹아지려니와 우리는 그의 약속대로 의가 있는 곳인 새 하늘과 새 땅을 바라보도다. 그러므로 사랑하는 자들아 너희가 이것을 바라보나니 주 앞에서 점도 없고 흠도 없이 평강 가운데서 나타나기를 힘쓰라."

하지만, 이 세 구절 중 하나만으로도 충분하기 때문에 첫 구절만 간단히 설명해 드리겠습니다.

베드로전서 1:17 "**외모로 보시지 않고 각 사람의 행위대로 심판하시는 이를 너희가 아버지라 부른즉 너희가 나그네로 있을 때를 두려움으로 지내라.**"

이 중 "외모로 보시지 않고 각 사람의 행위대로 심판하시는 이"라는 표현이 말해주듯이 하나님의 심판은 '행위심판'입니다. 그러므로 교회에 다닌다고 다 천국 가는 것이 아닙니다. 그것을 아브라함에 대한 두 기록 즉, 로마서 4장과 야고보서 2장을 비교해보면 분명히 알 수 있습니다.

로마서 4:1-8 "그런즉 육신으로 우리 조상인 **아브라함**이 무엇을 얻었다 하리요! 만일 **아브라함이 행위로써 의롭다 하심을 받았으면** 자랑할 것이 있으려니와 하나님 앞에서는 없느니라. 성경이 무엇을 말하느냐? **아브라함이 하나님을 믿으매 그것이 그에게 의로 여겨진**

바 되었느니라. 일하는 자에게는 그 삯이 은혜로 여겨지지 아니하고 보수로 여겨지거니와 일을 아니할지라도 **경건하지 아니한 자를 의롭다 하시는 이를 믿는 자에게는 그의 믿음을 의로 여기시나니** 일한 것이 없이 하나님께 의로 여기심을 받는 사람의 복에 대하여 다윗이 말한 바 불법이 사함을 받고 죄가 가리어짐을 받는 사람들은 복이 있고 주께서 그 죄를 인정하지 아니하실 사람은 복이 있도다 함과 같으니라."

여기서 바울은 아브라함을 예로 들어 율법의 행위가 아니라 오직 믿음으로 의롭다함을 받는다고 말했습니다. 참 진리지요!

야고보서 2:14, 21-24, 26 "내 형제들아 만일 사람이 믿음이 있노라 하고 행함이 없으면 무슨 유익이 있으리요! 그 믿음이 능히 자기를 구원하겠느냐? … 우리 조상 **아브라함**이 그 아들 이삭을 제단에 바칠 때에 행함으로 의롭다 하심을 받은 것이 아니냐? 네가 보거니와 믿음이 그의 행함과 함께 일하고 행함으로 믿음이 온전하게 되었느니라. 이에 성경에 이른 바 아브라함이 하나님을 믿으니 이것을 의로 여기셨다는 말씀이 이루어졌고 그는 하나님의 벗이라 칭함을 받았나니 **이로 보건대 사람이 행함으로 의롭다 하심을 받고 믿음으로만은 아니니라.** … 영혼 없는 몸이 죽은 것 같이 행함이 없는 믿음은 죽은 것이니라."

여기서 야고보는 역시 아브라함을 예로 들어 우리의 믿음에 반드시 행함이 따라야 한다고 했습니다. 그렇지 않으면 궁극적인 구원을 받을 수 없다고 경고했습니다. 이것도 참 진리입니다. 또, 서로 모순이 아닙니다. 그러므로 하나님의 심판은 참으로 행위심판입니다(마 5:20, 7:21).

그런데, 그 뒤에 나오는 "너희가 아버지라 부른즉"이라는 말이 보여주듯이 하나님은 우리 아버지입니다. 때문에 많은 이들이 이렇게 말합니다.

"설마 자식이 잘못했다고 아버지가 자식을 버리겠느냐? 아니다. 그러므로 하나님은 절대로 우리를 버리시지 않는다!"

그러나 이것은 사람의 생각일 뿐 성경을 바르게 본 것이 아닙니다. 물론 하나님은 우리 아버지입니다. 또, 우리를 지극히 사랑하십니다. 그러나 우리의 아버지이신 하나님은 "각 사람의 행위대로 심판하시는 분"이시기도 합니다. 둘 다가 진리입니다. 그러므로 하나님이 우리 아버지라고 행위심판이 없어지는 것이 아닙니다. 즉, 죄 가운데 사는데도 천국에 가는 것이 아닙니다. 때문에 베드로는 이 구절을 다음과 같이 마무리했습니다.

"너희가 나그네로 있을 때를 두려움으로 지내라!"

의심할 여지없이, 이것은 칼빈의 견인의 교리가 아니라 구원받은 사람도 버림받을 수 있다는 진리에 근거한 것입니다. 그 증거로, 그 전에 뭐라고 기록되어 있나 보십시오. 1-12절까지 다 읽으면 좋으나, 8-9절만 보겠습니다.

"예수를 너희가 보지 못하였으나 사랑하는 도다. 이제도 보지 못하나 믿고 말할 수 없는 영광스러운 즐거움으로 기뻐하니 믿음의 결국 곧 영혼의 구원을 받음이라."

베드로의 수신자들은 예수님을 믿고 구원받은 신자들입니다. 그래서 이것으로 안전할까요? 그렇지 않습니다.

베드로전서 1:13 "그러므로 너희 마음의 허리를 동이고 근신하여 예수 그리스도께서 나타나실 때에 너희에게 가져다주실 은혜를 온전히 바랄지어다."

그러므로 구원받았다고 안전한 것이 아닙니다. 하나님의 심판은 행위심판이고, 깨어 의를 행하고 죄를 짓지 않는 사람만 들림을 받기 때문입니다. 그러니 우리가 어떻게 살아야 할까요? 베드로가 그것을 다음과 같이 알려주었습니다.

베드로전서 1:14-16 "너희가 순종하는 자식처럼 전에 알지 못할 때에 따르던 너희 사욕을 본받지 말고 오직 너희를 부르신 거룩한 이처럼 너희도 모든 행실에 거룩한 자가 되라. 기록되었으되 내가 거룩하니 너희도 거룩할지어다 하셨느니라."

히브리서 12장 14절과 정확히 같은 내용이지요!

"모든 사람과 더불어 화평함과 거룩함을 따르라. 이것이 없이는 아무도 주를 보지 못하리라."

그 후에, 비로소 베드로는 이렇게 말했습니다.

베드로전서 1:17 "외모로 보시지 않고 각 사람의 행위대로 심판하시는 이를 너희가 아버지라 부른즉 너희가 나그네로 있을 때를 두려움으로 지내라."

어떻습니까? 이제, 이 구절의 의미가 확연히 보이지요! 여기서 "나그네로 있을 때를 두려움으로 지내라."는 말은 버림받을 수 있고 안전하지 않으니 조심하라는 뜻입니다. 그리고 그렇게 사는 것이 곧 나그네로 사는 것입니다.

이상 여러분에게 설명해드린 것처럼, 예수님과 바울과 베드로의 가르침이 모두 일치합니다. 그런데 장로교 교리나 장로교 신학자와 목사들에게 속으면 되겠습니까? 하나님은 신앙고백하고 교회에 다니는 모든 이들의 하나님이 아닙니다. 그들 중 아브라함과 이삭과 야곱처럼 이 세상을 나그네로 사는 자들의 하나님입니다. 그러므로 예수님을 임금과 구주로 영접한 것에서 멈추지 마십시오. 아브라함과 이삭과 야곱처럼 평생 나그네로 사십시오. 그리하여 하나님께서 나의 하나님이 되신 것을 부끄러워하지 않게 하십시오. 즉, 심판 날 나는 그의 하나님이 아니라고 부인하시지 않게 하십시오. 그리하여 꼭 천국에 들어가는 여러분 되시기 바랍니다.

끝으로, 하나님이 나의 하나님이 되시면 죽어서 천국에만 가는 것이 아닙니다. 이 땅에서 아브라함과 이삭과 야곱의 생애에 일어난 일들이 우리에게도 일어납니다. 즉, 그들에게 하신 것처럼 하나님이 큰 복을 주시고, 건강하게 하시고, 보호하시고, 승리하게 하시고, 기적적으로 개입하셔서 문제를 해결해 주십니다.

시편에는 이 사실이 이렇게 기록되어 있습니다.

시편 3:7 "여호와여 일어나소서. **'나의 하나님'**이여 나를 **구원**하소서. 주께서 나의 모든 **원수**의 **뺨**을 치시며 악인의 이를 꺾으셨나이다."

시편 18:2 "여호와는 … **'나의 하나님'**이시오. 내가 그 안에 피할 나의 바위시오. 나의 방패시오. 나의 구원의 뿔이시오. 나의 산성이시로다."

시편 18:6 "내가 환난 중에서 여호와께 아뢰며 **'나의 하나님'**께 부르짖었더니 그가 그의 성전에서 내 소리를 들으심이여. 그의 앞에서 나의 부르짖음이 그의 귀에 들렸도다."

시편 35:24 "여호와 **나의 하나님**'이여 주의 공의대로 나를 판단하사 그들이 나로 말미암아 기뻐하지 못하게 하소서."

시편 40:5 "여호와 **'나의 하나님'**이여 주께서 행하신 기적이 많고 우리를 향하신 주의 생각도 많아 누구도 주와 견줄 수가 없나이다. 내가 널리 알려 말하고자 하나 너무 많아 그 수를 셀 수도 없나이다."

시편 40:17 "나는 가난하고 궁핍하오나 주께서는 나를 생각하시오니 **주는 나의 도움이시요 나를 건지시는 이시라**. **'나의 하나님'**이여 지체하지 마소서."

시편 71:12 "하나님이여 나를 멀리 하지 마소서. **'나의 하나님'**이여 속히 나를 도우소서."

시편 94:22 "여호와는 나의 요새이시오. **'나의 하나님'**은 내가 피할 반석이시라."

시편 102:24 "나의 말이 **'나의 하나님'**이여 나의 중년에 나를 데려가지 마옵소서. 주의 연대는 대대에 무궁하니이다."

시편 109:26 "여호와 **'나의 하나님'**이여 나를 도우시며 주의 인자하심을 따라 나를 구원하소서."

시편 140:6 "내가 여호와께 말하기를 주는 **'나의 하나님'**이시니 여호와여 **나의 간구하는 소리에 귀를 기울이소서** 하였나이다."

시편 143:10 "주는 '나의 하나님'이시니 나를 가르쳐 주의 뜻을 행하게 하소서. 주의 영은 선하시니 나를 공평한 땅에 인도하소서."

이 모든 것이 하나님이 나의 하나님이 되실 때 기대할 수 있는 것들입니다. 하나님이 나의 하나님이 되시면, 이 구절들이 보여주듯이 구원, 치유, 건강, 보호, 승리, 기적, 도움, 기도응답, 인도 등 모든 것을 경험할 수 있습니다. 그러므로 참으로 하나님은 우리의 모든 것이 되시는 분이십니다.

우리가 하나님의 나라와 그 의를 구해도 하나님께서 모든 것을 더해주십니다.

마태복음 6:33 "그런즉 너희는 먼저 그의 나라와 그의 의를 구하라. 그리하면 이 모든 것을 너희에게 더하시리라."

그런데 영생복락과 생사화복이 하나님이 나의 하나님이 되는 것에 달렸으므로 하나님이 전부라는 것을 깨닫고 하나님을 찾고 그 얼굴을 구하면 어떤 일이 일어날까요?

하나님께서 하늘과 땅의 모든 좋은 것을 우리에게 주시지 않겠습니까? 때문에 시편기자는 하나님을 나의 하나님으로 삼은 것에서 멈추지 않고 하나님을 찾고 그 얼굴을 구했습니다.

시편 63:1 "하나님이여 주는 '나의 하나님'이시라. 내가 간절히 주를 찾되 물이 없어 마르고 황폐한 땅에서 내 영혼이 주를 갈망하며 내

육체가 주를 앙모하나이다."

시편 69:3 "내가 부르짖음으로 피곤하여 나의 목이 마르며 '나의 하나님'을 바라서 나의 눈이 쇠하였나이다."

그러므로 우리도 시편기자처럼 하나님을 나의 하나님으로 삼을 뿐 아니라 간절히 하나님을 찾고 그 얼굴을 구하는 사람이 되어야 합니다.

한 걸음 더 나아가, 우리는 구약시대의 이스라엘이나 신약시대의 그리스도인들처럼 단지 하나님을 나의 하나님으로 삼은 것에서 만족하면 안 됩니다. 성경에 보면 모세(신 4:5), 다윗(삼하 22:7), 다니엘(단 9:19) 그리고 바울(빌 1:3)이 하나님을 "나의 하나님"이라고 고백했습니다. 우리 모두 이왕이면 이분들과 같은 차원에서 하나님이 나의 하나님이 되시게 합시다. 그것을 우리 목표로 삼읍시다. 그리하여 하나님께 영육 간에 큰 복을 받고 멋지게 쓰임 받다가 천국에 가서 큰 상을 받는 저와 여러분이 됩시다.

거룩한 진주의 도서들 1

변승우 목사의 저서

누구나 할 수 있는 매일 기도!
변승우 | 신4.6판 | 72면 | 6,500원
큰글씨 | 신국판 변형 | 84면 | 7,000원

하늘에서 빛이 비추고 눈이 열리니
길이 보입니다!
빛!!!
변승우 | 신국판 변형 | 108면 | 7,000원

저자의 144번째 책이자 또 하나의 대표작!
죄를 이길 수 있는 비결!
하늘에서 내려온 동아줄
변승우 | 신국판 변형 | 160면 | 10,000원

누구나 죽으면 가는 천국과 지옥!
어느 종교의 주장이 진짜일까요?
변승우 | 신국판 변형 | 68면 | 6,000원

대죄와 소죄에 대한 깨달음!
변승우 | 신4.6판 | 56면 | 6,000원

킹제임스 성경 팩트 체크!
변승우 | 신4.6판 | 76면 | 6,500원

로마서 7장 14-25절의
현재시제와 삽입구에 대한 사이다 설명
변승우 | 신국판 변형 | 136면 | 10,000원

목사님, 십자가 강도의 구원이 궁금해요!
변승우 | 신4.6판 | 52면 | 6,000원

내가 너희에게 복을 주리라!
변승우 | 신국판 변형 | 120면 | 9,000원

우리가 죽을 때까지
초점 맞춰야 할 4가지!
변승우 | 신4.6판 | 56면 | 5,500원

신앙생활 완벽 가이드
성령의 세 가지 인도!
변승우 | 신국판 | 240면 | 13,000원

더 높은 차원으로 부르시는 하나님!
변승우 | 신국판 | 168면 | 12,000원

신자들이 섬기는 세 가지 우상!
변승우 | 신국판 변형 | 80면 | 7,000원

저자가 쓴 130권 중 대표작!
개신교의 아킬레스건이 된 칭의의 교리
변승우 | 신국판 | 440면 | 23,000원

한국 교회, 개혁 외에는 답이 없다!
쇼킹! 한기총회장과 사무총장의 돈 요구!
변승우 | 신국판 | 188면 | 12,000원

특별기획
다문화TV 초대석 - 인터뷰 전문
사랑하는교회 변승우 목사
변승우 | 신국판 변형 | 64면 | 7,000원

엄선한 천국지옥 방문기!
당신의 영원을 어디서 보낼 것인가?
변승우 편저 | 신국판 | 276면 | 13,000원

영과 혼에 대한 궁금증이 풀리다!
너 자신을 알라!
변승우 | 신국판 | 496면 | 25,000원

저자가 쓴 125권 중 대표작!
당신의 복음은 바울의 복음인가?
변승우 | 신국판 | 532면 | 22,000원

사랑하는 사람을 구원하는 책!
노후준비보다 중요한 사후준비!
변승우 | 신국판 | 184면 | 12,000원
큰글씨 | 신국판 | 232면 | 13,000원

하나님 아빠 아버지!
변승우 | 신국판 변형 | 84면 | 7,000원

우리 산상수훈과 함께 다시 시작해요!(중)
나는 바리새인보다 나은 의를 가지고 있는가?
변승우 | 신국판 | 512면 | 20,000원

유대교의 전철을 밟고 있는 개신교!
변승우 | 신국판 변형 | 80면 | 6,000원

우리 산상수훈과 함께 다시 시작해요!(상)
나는 팔복의 사람인가?
변승우 | 신국판 | 524면 | 20,000원

중심이 미래를 좌우한다!
변승우 | 신국판 | 120면 | 7,000원

은사 사역 필독서!
너희는 더욱 큰 은사를 사모하라!
변승우 | 신국판 | 272면 | 12,000원

이 책 한 권이면 계시록이 보인다!
하나님의 어리석음이 사람보다 지혜롭다!!!
변승우 | 신국판 | 848면 | 33,000원

지옥에 가는 크리스천들
(수정증보판)
변승우 | 신국판 | 424면 | 12,000원

터
변승우 | 신국판 | 292면 | 9,000원

정경의 권위
변승우 | 신국판 | 160면 | 7,000원

다이아몬드 같은 진리!
변승우 | 신국판 | 488면 | 16,000원

**예정론의 최고난제:
토기장이의 비유 풀이!**
변승우 | 신국판 | 244면 | 12,000원

능력으로 관통되는 복음!
변승우 | 신4.6면 | 76면 | 5,000원
큰글씨 | 신국판 변형 | 84면 | 6,000원

이기는 자가 가는 나라!
변승우 | 문고판 | 48면 | 3,000원
큰글씨 | 신국판 변형 | 56면 | 4,000원

한 가지!
변승우 | 신국판 변형 | 112면 | 6,000원

십일조 대논쟁!
변승우 | 신국판 | 144면 | 7,000원

길
변승우 | 신국판 | 228면 | 7,000원

열방을 위한 하나님의 전략!
변승우 | 신국판 | 184면 | 9,000원

거 룩 한 진 주 의　도 서 들 2

정통보다 더 성경적인 교회!
변승우 | 신국판 | 180면 | 8,000원

하나님의 집인가? 귀신의 집인가?
변승우 | 신국판 변형 | 84면 | 5,000원

당신의 자녀를
하나님의 자녀가 되게 하라!
변승우 | 신국판 변형 | 108면 | 5,000원

참으로 하나님의 은혜를
깨달은 날부터!
변승우 | 신국판 변형 | 64면 | 4,500원

사랑하는교회에 뿌리를 내려라!
변승우 | 신4.6판 | 80면 | 6,000원

제7차 아프리카 선교 보고
오늘도 살아 역사하시는 하나님!
변승우 편저 | 신국판 변형 | 92면 | 7,000원

"아이고 집사님, 아이고 권사님,
아이고 목사님이 왜 지옥에 계시나요?"
신국판 변형 | 52면 | 5,000원

아프리카 선교 현장에서
사도행전이 재현되다!
신4.6판 | 56면 | 3,500원

주님, 이 구절은 무슨 뜻인가요?
변승우 | 신4.6판 | 132면 | 6,500원

강남 사는 이작골 스타일 목사의
산소 같은 산행일기 3
변승우 | 4.6배판 변형 | 328면 | 17,000원

부에 대한 균형 잡힌 가르침!
변승우 | 신국판 | 160면 | 8,000원

사랑하는교회는 어떤 교회인가?
변승우 | 신국판 변형 | 108면 | 6,000원

강남 사는 이작골 스타일 목사의
산소 같은 산행일기 2
변승우 | 4.6배판 변형 | 292면 | 16,500원

해 아래 가장 명백한 진리
(복음전도용)
변승우 | 문고판 | 24면 | 1,000원
큰글씨 | 신국판 변형 | 24면 | 2,000원

오직 기독교가 길이요 진리요 생명이다!
변승우 | 문고판 | 40면 | 2,000원
큰글씨 | 신국판 변형 | 48면 | 3,000원

성경이 흔들리면 기독교가 무너진다!
변승우 | 신국판 | 164면 | 7,000원

평생 되새겨야 할 가장 중요한 진리!
변승우 | 신국판 변형 | 104면 | 7,000원

동성애 쓰나미!
변승우 | 신국판 | 328면 | 13,000원

믿음의 말씀 바로 알기!
변승우 | 신국판 변형 | 168면 | 8,000원

스카이(SKY)보다 크신 하나님!
변승우 | 신4.6판 | 76면 | 5,000원

하나님께 나아가자!
변승우 | 신국판 변형 | 92면 | 6,000원

하나님의 시선을 끄는 겸손!
변승우 | 신4.6판 | 48면 | 4,000원

땅에 떨어지는 예언들!
변승우 | 신국판 | 216면 | 11,000원

믿음으로 자백하라!
변승우 | 신국판 변형 | 160면 | 7,000원

전염병 경보 발령!
변승우 | 신국판 변형 | 84면 | 5,000원

사랑하는교회 (舊 큰믿음교회)
이단시비 종결되다!
변승우 편저 | 신국판 | 196면 | 6,000원

교회를 허무는 마귀의 교리
은사중지론!
변승우 | 신4.6판 | 60면 | 6,000원

당신의 고백을 점검하라!
변승우 | 신국판 변형 | 64면 | 4,000원

종말론 바로 알기!
변승우 | 신국판 변형 | 88면 | 4,500원

아~ 믿으라는 말이 이런 뜻이었구나?
변승우 | 신국판 변형 | 96면 | 5,000원

알면 사랑할 수밖에 없는 하나님
변승우 | 신4.6판 | 40면 | 2,000원

하나님이 주신 비전!
변승우 | 신4.6판 | 136면 | 4,000원

?
변승우 | 신국판 | 312면 | 11,000원

하나님의 부르심
변승우 | 신4.6판 | 60면 | 2,500원

하나님의 선물
변승우 | 신4.6판 | 128면 | 4,000원

크리스천의 문화생활
변승우 | 신4.6판 | 64면 | 2,500원

사랑받고 사랑하는 사람!
변승우 | 신4.6판 | 120면 | 4,000원

강남 사는 이작골 스타일 목사의
산소 같은 산행일기
변승우 | 4.6배판 변형 | 312면 | 16,500원

성경이 무엇을 말하느냐?
변승우 | 신국판 변형 | 168면 | 5,000원

나는 행복합니다
변승우 | 신4.6판 | 124면 | 4,000원

박해
변승우 | 신국판변형 | 140면 | 5,000원

과부 명부!
변승우 | 신4.6판 | 120면 | 2,500원

멍에
변승우 | 신국판 | 200면 | 5,000원

하나님이 절대주권으로
예정하셨다고요?
변승우 | 신국판 | 296면 | 8,000원

대질심문
변승우 | 신국판 | 324면 | 6,000원

거룩한 진주의 도서들 3

천국의 가장 작은 자가 어떻게 세례 요한보다 클 수가 있나?
변승우 | 신국판 변형 | 96면 | 3,000원

계시
변승우 | 신국판 | 124면 | 4,000원

자의식 대수술!
변승우 | 신국판 | 184면 | 4,500원

종교개혁보다 나를 개혁하는 것이 더 중요하다!
변승우 | 신국판 | 348면 | 9,000원

내가 너희를 사랑한 것같이!
변승우 | 신국판 | 200면 | 4,500원

예언을 멸시하지 말라!
변승우 | 신국판 | 190면 | 5,000원

올바른 성경 읽기
변승우 | 신국판 | 120면 | 6,000원

청년이 무엇으로 그의 행실을 깨끗하게 하리이까?
변승우 | 신국판 | 104면 | 5,000원

푯대
변승우 | 신국판 | 184면 | 5,000원

용서는 나를 위한 것이다!
변승우 | 신국판 | 114면 | 4,000원

종교개혁은 아직 끝나지 않았다!
변승우 | 신국판 | 148면 | 5,500원

주께서 보여주신 선 (善)
변승우 | 신국판 | 118면 | 4,500원

할렐루야!
변승우 | 신국판 | 148면 | 4,500원

기름부음 받은 자를 존중하라!
변승우 | 신국판 | 98면 | 7,000원

미혹
변승우 | 신국판 | 136면 | 7,000원

내가 꿈꾸어온 교회
변승우 | 신국판 | 148면 | 4,000원

교회여~ 추수꾼들을 일으켜라!
변승우 | 신국판 | 142면 | 7,000원

습관적인 죄에 대한 새로운 이해!
변승우 | 신국판 | 112면 | 7,000원

예수님이 전부입니다!
변승우 | 신국판 | 114면 | 7,000원

하나님은 용기 있는 사람을 쓰신다!
변승우 | 신국판 | 128면 | 5,000원

주의 음성을 네가 들으니!
변승우 | 신국판 | 128면 | 8,000원

실전 영분별
변승우 | 신국판 | 172면 | 9,000원

여호와의 산, 그 거룩한 곳!
변승우 | 신국판 | 112면 | 4,000원

1세기의 사도와 오늘날의 사도
변승우 | 신국판 | 161면 | 5,000원

장로 그리고 당회는 과연 성경적인가?
(수정증보판)
변승우 | 신국판 | 112면 | 5,000원

패러다임의 전환이 필요한
전통적인 계시관
변승우 | 신국판 | 176면 | 5,000원

날 사랑하심! 날 사랑하심~
변승우 | 신국판 | 176면 | 9,000원

교회가 변하면 세상이 변한다!
변승우 | 신국판 | 250면 | 7,000원

월드컵보다 더 중요한 경기
변승우 | 신국판 변형 | 130면 | 3,500원

말씀 말씀 하지만
성경에서 벗어난 제자 훈련
변승우 | 신국판 변형 | 183면 | 5,000원

긴급수혈
변승우 | 신국판 변형 | 73면 | 5,000원

그 시에 주시는 그 말을 하라!
즉흥 설교 시리즈 제5권
변승우 | 신국판 변형 | 264면 | 7,000원

그 시에 주시는 그 말을 하라!
즉흥 설교 시리즈 제4권
변승우 | 신국판 변형 | 292면 | 7,000원

그 시에 주시는 그 말을 하라!
즉흥 설교 시리즈 제3권
변승우 | 신국판 변형 | 293면 | 7,000원

그 시에 주시는 그 말을 하라!
즉흥 설교 시리즈 제2권
변승우 | 신국판 변형 | 305면 | 7,000원

그 시에 주시는 그 말을 하라!
즉흥 설교 시리즈 제1권
변승우 | 신국판 변형 | 304면 | 7,000원

양신역사
변승우 | 신국판 변형 | 147면 | 7,000원

명목상의 교인인가? 미성숙한 신자인가?
변승우 | 신국판 변형 | 84면 | 5,000원

정통의 탈을 쓴 짝퉁 기독교
변승우 | 신국판 변형 | 295면 | 5,500원

예수빵 (개정판)
변승우 | 신국판 변형 | 116면 | 7,000원

가짜는 진짜를 핍박한다!
변승우 | 신국판 변형 | 163면 | 5,500원

구원에 이르는 지혜
변승우 | 신국판 변형 | 104면 | 4,500원

꺼져가는 등불, 양심
변승우 | 신4.6판 | 87면 | 2,500원

열방이 너희를 복되다 하리라!
변승우 | 신4.6판 | 77면 | 4,000원

거룩한 진주의 도서들 4

하나님의 인자와 엄위 그 가운데
생명의 좁은 길이 있습니다!
변승우 | 신4.6판 | 156면 | 4,000원

여호와의 입에서 나오는 말씀
변승우 | 신국판 | 268면 | 10,000원

특별히 예언을 하려고 하라!
변승우 | 신국판 | 314면 | 9,000원

목사님, 어떻게 해야
마음이 청결한 자가 될 수 있나요?
변승우 | 문고판 | 90면 | 2,000원

좋은 씨와 맑은 물
변승우 편저 | 신국판 | 300면 | 5,000원

진짜 구원받은 사람도
진짜 버림받을 수 있다!
변승우 | 신국판 | 360면 | 13,500원

Am I a Person of the Beatitudes?
나는 팔복의 사람인가? [영문]
변승우 | 신국판 | 528면

A Book That Will Save The Ones We love
An Afterlife Plan More Important Than
One's Retirement Plan!
노후준비보다 중요한 사후준비! [영문]
변승우 | 신국판 | 164면

The Book of Acts Reenacted
: Missions in Africa!
아프리카 선교 현장에서 사도행전이 재현되다! [영문]
신4.6판 | 60면 | 3,500원

A Selection of Testimonies on
Heaven and Hell!
Where Will You Spend Your Eternity?
당신의 영원을 어디서 보낼 것인가? [영문]
변승우 편저 | 신국판 | 236면

Christians Going to Hell
지옥에 가는 크리스천들 [영문]
변승우 | 신국판 변형 | 300면

The Foundation
터 [영문]
변승우 | 신국판 | 256면

根基
터 [중문]
변승우 | 신국판 변형 | 188면

Truth Like a Diamond!
다이아몬드 같은 진리! [영문]
변승우 | 신국판 | 495면

The Gospel Pervaded by Power
능력으로 관통되는 복음! [영문]
변승우 | 신국판 변형 | 41면

大能贯通的福音
능력으로 관통되는 복음! [중문]
변승우 | 신국판 변형 | 44면

The Kingdom of Overcomers
이기는 자가 가는 나라! [영문]
변승우 | 신국판 변형 | 52면

得胜者所进的国
이기는 자가 가는 나라! [중문]
변승우 | 신국판 변형 | 36면

When the Church Changes,
the World Changes!
교회가 변하면 세상이 변한다! [영문]
변승우 | 신국판 | 220면

教会改变世界就会改变
교회가 변하면 세상이 변한다! [중문]
변승우 | 신국판 | 212면

The Clearest Truth Under the Sun
해 아래 가장 명백한 진리 [영문]
변승우 | 신국판 변형 | 44면

Christianity Alone Is the Way,
and the Truth, and the Life!
오직 기독교가 길이요 진리요 생명이다! [영문]
변승우 | 신국판 변형 | 52면

唯独基督教是道路、真理、生命!
오직 기독교가 길이요 진리요 생명이다! [중문]
변승우 | 신국판 변형 | 32면

救いに至る知恵
구원에 이르는 지혜 [일본어]
변승우 | 문고판 | 102면

得救的智慧
구원에 이르는 지혜 [중문]
변승우 | 신국판 변형 | 96면

동역자 도서

영광에서 영광으로
김옥경 | 신국판 | 360면 | 16,000원

From Glory to Glory
영광에서 영광으로 [영문]
김옥경 | 신국판 변형 | 336면

荣上加荣
영광에서 영광으로 [중문]
김옥경 | 신국판 변형 | 336면

치유에 대한 성경적인 3가지 원리
치유티칭
진성원 | 신4.6판 | 96면 | 6,000원

김동욱 목사 명설교 모음
김동욱 | 신국판 | 232면 | 15,000원

물러서지 않는 것이 신앙이다!
이윤석 | 신4.6판 | 80면 | 3,000원

문맥 안에서 다시 보는 로마서 난해구
이동기 | 신국판 | 296면 | 15,000원

믿음의 순종
이동기 | 신4.6판 변형 | 72면 | 4,500원

팩트 체크!
"변승우 목사가 신사도 운동을 한다?"
이동기 외 2인 | 신4.6판 | 72면 | 4,000원

거룩한 진주의 도서들 5

'주께서' (약 5:15)
이 안에 치유의 비결이 있다!
이길용 | 신4.6판 | 116면 | 3,500원

하나님이 창안하신 부부질서
김원호 | 신국판 변형 | 273면 | 8,000원

읽는 자는 깨달을 찐저!
강순방 | 신국판 | 184면 | 5,000원

Let the Readers Understand!
읽는 자는 깨달을 찐저! [영문]
강순방 | 신국판 | 184면

번역서

그 발 앞에 엎디어
썬다 싱 | 신국판 변형 | 152면 | 10,000원

아주사 부흥 그 놀라운 간증
토미 웰첼 | 신국판 변형 | 200면 | 12,000원

가브리엘 천사를 만나다
롤랜드 벅 | 찰스 & 프랜시스 헌터 엮음 |
신국판 | 288면 | 15,000원

주여! 내 마음을 살피사
찰스 G. 피니 | 신국판 | 376면 | 8,500원

가브리엘 천사를 만난 사람
롤랜드 벅·샤론 화이트 | 신국판 | 246면 | 7,700원

마귀들에 대한 놀라운 계시
하워드 O. 피트만 | 신국판 | 196면 | 12,000원

"아브라함의 하나님, 이삭의 하나님, 야곱의 하나님"에 대한 계시!

발행일	2025년 2월 18일 초판 1쇄
지은이	변승우
발행인	변승우
발행처	도서출판 거룩한진주
주　소	서울 송파구 위례성대로22길 27-22 (우) 05655
전　화	02-586-3079
팩　스	02-523-3079
Website	http://www.belovedc.com
	http://cafe.daum.net/Bigchurch (B 대문자)
	https://www.youtube.com/@belovedch
ISBN	979-11-6890-069-1　03230

저작권자의 허락 없이 이 책의 일부 또는 전체를 무단 복제, 전재, 발췌하면 저작권법에 의해 처벌을 받습니다.